編集者の読書論

面白い本の見つけ方、教えます

駒井稔

光文社新書

ちょっと長いまえがき

駅で見かけた本好きの少女

先日、ちょっと忘れがたい出会いがありました。

小学校の高学年、５年生か６年生くらいの少女が、東京の飯田橋で地下鉄から降りた私の前を歩いていたのですが、改札に向かうエスカレーターに乗ったとたん、手に持っていた厚い本を手すり（ベルト）の上に置き、一心不乱に読み始めたのです。

私が確信したのは、彼女がコミックではなく、本を読んでいるだろうということでした。

なぜなら、彼女の目は忙しく上下動を繰り返し、活字を夢中で追っているのが一目瞭然《りょうぜん》だったからです。

そのあまりに真剣な表情に、私は打たれました。本当に本が好きで好きでたまらない人間がここにいる。じっと見つめる私を一顧《いっこ》だにせず、少女は本を読み続けたままです。私は胸の高まりを抑えられませんでした。少女は改札に向かって歩きながらも、本を読むのをやめずに、そのまま悠然と改札を通り抜けていきました。

書店の文庫コーナーで出会った老婦人

つい最近、もう一つ、新しい出会いがありました。散歩の途中で立ち寄ったショッピングモールにある大きな書店で、私はいつものようにお気に入りの文庫の棚へと歩いていきました。なかなか素晴らしい品揃えのコーナーがあるのです。そこに歩行器に身をもたせ掛け、熱心に本を選んでいる老婦人がいました。

彼女の手にあったのは、全米図書賞を受賞して評判の高い柳《ゆう》美《み》里《り》さんの『ＪＲ上野駅公園口』です。失礼ながら、歩くことも大儀そうな年齢の婦人が、最新の話題作を手にしているのを見て、驚きを禁じ得ませんでした。彼女はその他の文庫も次々と手に取っていきます。いずれも刊行されたばかりの作品です。

そして最後に、ナイジェリア出身の女性作家、アディーチェの短編集『なにかが首のまわりに』にじっと目を落としているではありませんか。その優れた短編集は私も読んでいましたが、アメリカとナイジェリアを舞台に描かれた小説は、どれも大変魅力的なのです。思わずじっと見ていると、婦人は私の邪魔になると思ったのか、よろよろと歩行器を押しながらその2冊を持ってレジに向かいました。

彼女は柳美里さんやアディーチェの本に関する情報をどこから手に入れたのでしょうか。私は直接尋ねたくなる自分を必死に制しながらも、不思議な感動に襲われていました。あの少女の70年後を見たような気がしたからです。そして、この二人が、本との出会いをもっともっと充実させたいと考えていることが手に取るように分かりました。あの少女はきっと編集者になるのではないかと勝手な妄想が膨《ふく》らみました。

週刊誌編集者時代の、とある記憶

じつは私にも、少女のような経験があったのです。時は20世紀の終わり近く。30代の半ばであった私は、雑誌編集者として男性週刊誌の現場で働きながら、今の若い世代には想像もできないような無頼で懶惰《らんだ》な日々を送っていました。しかし、編集者という仕事柄、激動する世界の動きを敏感に感じ取る環境にいたことも確かです。

ですから私は、こんな時こそ原点に帰るという意味で、世界の古典を読み直そうと考えていました。そして文字通り寸暇《すんか》を惜しんで読書に励んだのです。もちろん、そんな時代ですから、大好きなお酒を飲むことはやめませんでしたが。

ある晩、同僚たちと新宿でお酒を飲んでいたのですが、どういう流れからか、突然、歌舞伎町のクラブに行くことになりました。どんな無駄話でも編集に関する話は、私にとっては大きな関心事でしたが、クラブのようなところで交わされる会話は、じつはとても苦手だったのです。先輩や上司たちが妙齢の女性たちと楽しそうに話しているのを見ながら、私は焦燥《しょうそう》に駆られていました。本が読みたい。

ついに我慢ができなくなった私は、ほの暗いクラブのソファの片隅に座ったまま、目立たぬように、そっと本を出して読み始めてしまったのです。異様な行為だということは十分理解していましたが、どうしても自分を制することができませんでした。その光景を今でもまざまざと思い出すことができます。ですから少女の心情はよく理解できたのです。

「編集者」の読書論?

さて、この本のタイトルは、『編集者の読書論』です。編集者の友人たちから、「お前も偉くなったもんだなあ。なんと読書論を書いたのか」と言われるのが目に見えるようです。

ご安心あれ。私の読書論は、「論」と銘《めい》打《う》ってはいますが、編集者ならではの現場で学んだ経験に基づいて書くものですから、理論的かつ思想的な所見が満載の学者や専門家の書いた読書論とはまったく違うものです。

とはいえ、雑誌を含め、たくさんの書籍を編集してきた経験から学んだことは、きっと皆さんの参考になるはずですし、そういう意味ではあまり類例がない内容になるのではないかと思います。どうぞ気楽に読んでいただきたいと思います。本書で私が目指すのは、「読んで楽しめる読書論」です。

そうはいっても、「編集者」と冠してあるけれども、本当のところ、「編集」がどういう仕事なのかよく分からない方も多いと思います。これが「新聞記者」という職業なら、極めて鮮明なイメージを描くことができるでしょう。報道の対象を取材して記事を書くという具体的な像が浮かぶと思うのです。それに較べて、編集者という職業は、具体的にイメージするのは意外に難しいのではないでしょうか。

にもかかわらず、最近は大きな書店に行けば、「編集者」というコーナーまであって、編集者たちが書いた編集論や読書論、さらには自伝のような本もたくさん並んでいます。

編集者の一般的なイメージを思い浮かべることのできる例を一つ挙げてみましょう。日本のテレビドラマによく登場するのは、若い編集者です。

新人の彼／彼女は、張り切って大作家の原稿を取りにいくのですが、最初は失敗ばかり。大作家の不興を買います。しかし、夢中で原稿をお願いするうちに、作家の方もその意気込みと誠実さを理解して、失敗を許し、原稿を締め切りまでに書き上げる。こんな筋立てのドラマを、一度は観たことがあるのではないでしょうか。

この若者こそが、日本における平均的な編集者像を体現しているように思えます。しかしながら、それはあくまで編集者の仕事の一面を伝えているにすぎないといえるでしょう。

日本における典型的な編集者と作家の関係

山《やま》田《だ》宗《むね》睦《むつ》という思想家が書いた『職業としての編集者』という本があります。１９６５年にカッパ・ブックスで『危険な思想家――戦後民主主義を否定する人びと』というベストセラーを出した学者ですが、じつは東京大学出版会で編集者としてそのキャリアをスタートしています。

ちなみに『職業としての編集者』という同じタイトルで、『君たちはどう生きるか』を書いた吉野源三郎の著作が岩波新書から刊行されていますが、こちらも自伝的かつ正統的な優れた編集者論です。

さて、その山田宗睦が書いた本には、編集者として啓発される言葉が散りばめられています。現在は古書でしか手に入りませんが、一読に値する本だと思います。

そこに、昭和の前半のことだと断りながらも、大衆向けの読み物の雑誌編集者から聞いた話としてこんなエピソードが紹介されています。

> 作家の印税を届けるのに、紋付き、袴《はかま》で、人力車で乗りつけ、玄関先でうやうやしく袱紗《ふくさ》につつんだ印税を、渡したという。一種のセレモニーである。出版社の勢威と、その作家の社会的体面と、双方を立てるセレモニーである。

先ほど、テレビドラマに出てくるような日本における平均的な編集者像をお伝えしましたが、このエピソードも、日本における典型的な編集者と作家との関係を表しているといえるでしょう。

欧米における「editor」の地位

他方で、私はある時、欧米では編集者に対するイメージが全然違うことに気づきました。16年にも及ぶ週刊誌編集者の仕事を離れ、書籍編集部に異動になった後、ロンドン滞在中に、友人になったイギリス人たちと夕食を共にしたことがあります。その頃私は、イギリスの文学散歩を楽しむ旅によく出かけていたのです。

しばらく歓談した後で、一人の男性が遠慮がちに私の職業を尋ねました。私自身もそんなに意識することなく、英語で編集者にあたる「editor」という単語をごく自然に使いました。

その時の反応は予想を超えたものでした。一瞬、女性も男性も黙ってしまったのです。これには私の方がびっくりしました。何か気に障《さわ》ることでも言ったのかと思ったのです。しかし、そういう雰囲気でもありません。

そのうち沈黙を破るように、その男性が陽気な口調でこう言ったのです。

「ハイ、ミノル（これは私のファーストネームです）、一度、俺の母に会ってやってくれ。生きているうちにエディターと話すことができたら、本の大好きな母はさぞや喜ぶだろう。頼むぜ」

いかにもイギリス人らしいジョークではありましたが、他の人間は笑いながらも深く頷《うなず》いているではありませんか。私のなかで不思議な印象が残った瞬間でした。エディターはこの国では、そんなに尊敬されている存在なのかと思ったからです。実際、その印象はあまり間違っていなかったようです。

職業人としてのエディター

私は翻訳書の編集に携わったおかげで、外国の出版社と直接コンタクトする機会に恵まれました。

たとえば、世界最大のブックフェアであるフランクフルト・ブックフェアには毎年参加して、世界中から来た出版関係者と話をすることができました。また、ニューヨークでは、映画で観たような摩天楼のなかに入っている出版社を訪ねて、はるか眼下にニューヨークの市街を眺めながら、これから刊行される本の紹介をしてもらうのが常でした。ロンドンのブックフェアに参加した時には、イギリスの老舗《しにせ》出版社を訪問する機会もありました。

そういう時に感じたことを率直にいえば、日本に較べて編集者の地位が高いなあということでした。誤解してもらっては困るのですが、別に威張《いば》りたいのではありません。しかし、先の山田宗睦の本からの引用で紹介した編集者のように、日本では編集者は偉い先生の原稿を押しいただく存在として捉えられることが多いと思います。

海外の出版界との付き合いで感じたのは、そういうものとはまったく違う編集者像でした。誤解を恐れずにいえば、編集者は書き手と対等ですし、書き手にも率直に意見できる存在なのだ、ということでした。

ブックフェアで出版関係者と話していると、時々、「今日は〝エディター〟がいる」と紹介されることがあります。そういう時に「エディター」という言葉は、少なからぬ尊敬の念をもって語られることが多いことに気づきました。「エディター」の翻訳語が「編集者」だとすると、かなりニュアンスが違うのではないかと直感的に悟ったのです。

先ほどのテレビドラマに登場する若手編集者に代表されるように、日本では「出版社に属する組織人」のイメージが先行しますが、欧米では「職業人としてのエディター」が、独立して存在している印象がありました。

編集者の資質とは？——第一級の批評眼

さて、それでは、編集者に必要な資質とは何でしょうか。

あくまで私の個人的な意見ではありますが、なによりも編集者は一級の批評眼を持っていなければならないと思います。

興味深いエピソードを一つ紹介しましょう。気鋭の現代ラテンアメリカ文学研究者である寺《てら》尾《お》隆吉《りゅうきち》さんの書いた『ラテンアメリカ文学入門』には、以下のような驚くべきエピソードが紹介されています。

１９５５年に、スペインのバルセロナにある先進的な新興出版社であるセイス・バラル社は、「ビブリオテカ・ブレベ」という文学コレクションを立ち上げ、ラテンアメリカ文学の動向を注視するようになっていたのですが、そこでこんな奇跡的な出来事が起きたのです。

　一九六二年のある日、「ビブリオテカ・ブレベ」の創始者の一人だった編集者カルロス・バラルは、書庫に眠っていた不採用原稿の山を何気なく探りはじめ、三番目に手にした草稿の書き出し「―〈「四だ」ジャガーが言った〉―」に興味を覚えて読みはじめた。「たった数ページで世紀の大発見をしたことに気づいた」と後にバラルが回想したこの小説の作者はマリオ・バルガス・ジョサ、パリ在住のペルー人だというので、勢い込んで訪ねていくと、場末の古びたアパートから出てきたのは、口髭《くちひげ》の目立つ「タンゴ歌手のような」男だった。この「疑り深い目つき」の若いペルー人とそのまま長時間話し込んだバラルは、セイス・バラル社の看板企画だったビブリオテカ・ブレベ賞に草稿を提出する約束を取り付け、目論見《もくろみ》どおりこの作品を六二年度、第五回の受賞作とすることに成功した。

編集者バラルのおかげで、マリオ・バルガス・ジョサ（リョサ）のこの作品は、スペイン語圏全体を巻き込む大ヒットとなりました。この小説こそ、かの名高い『街と犬たち』だったのです。ボツ原稿の山から大傑作を見つけ出す。まるで映画のような仕事ぶりに思えるかもしれませんが、個人的にはこれこそが編集者の仕事だと思います。

しかし、編集者も人の子。もちろん、間違いも犯します。後世に残る傑作も、最初の段階ではほとんどの出版社に拒否されたという話は珍しいものではありません。

ちなみに『街と犬たち』は光文社古典新訳文庫で、それこそ寺尾隆吉さんの手になる新訳が刊行されています。

編集者はビジネスパーソンであらねばならない

もう一つ付け加えれば、編集者は本の市場を観察することに長《た》けたビジネスパーソンでもあらねばならないということです。このことはあまり触れられませんが、じつはとても重要なことだと思います。

理想を掲げるのは尊いことですが、市場を読み誤ると、継続した出版は不可能になります。だからといって、売るためだけに愚劣なヘイト本を出していいことにはもちろんなりません。

フランスを代表する名門出版社・ガリマール社の名前を聞いたことのある方も多いと思います。『ガストン・ガリマール——フランス出版の半世紀』という本に、創始者であるガリマールについて、こんなエピソードが紹介されています。

> だがこの素人実業家（＊引用者注〈以下＊部分同〉：ガストン・ガリマールのこと）は数年間の実務経験から、出版業とはなによりもまず商売なのだということを早くも悟った。そこで、それまでは無頓着《むとんちゃく》でコンサートや舞踏会の常連だった耽美主義者は突如としておそるべき実業家、平然としてでたらめを口にする狡猾《こうかつ》な男、他人に何かを頼み、求める場合は執拗《しつよう》きわまりない人間に変貌したのである。

この評伝の作者の書き方は、いささかアイロニカルで極端な感じもしますが、言いたいことはよく分かります。フランスの老舗出版社の創始者で「フランス文学、それは私だ」とまで言った人物でも、このような変身が必要であったということでしょう。

「読書論」「読書術」について考えてみる

さて、今度は「読書論」について考えてみましょう。

世の中には無数の読書論、あるいは読書術の本があります。書店にも図書館にも、「読書論」の棚が必ずといっていいほど用意されています。私自身の書棚を見ても、清水《しみず》幾多郎《いくたろう》の『本はどう読むか』や小泉信三の『読書論』、加藤周一の『読書術』などなど、高名な学者の書いた読書論が並んでいます。これを見ると、今さら私ごときが何を付け加えることがあるのかと逡巡《しゅんじゅん》してしまうくらいです。

かのショーペンハウワーの有名な『読書について』は後の章で触れることにしますが、「読書論」とは、とにかく昔から優れた書き手によって、たくさんの本が書かれてきたジャンルであることは間違いありません。

１９７９年に河出書房新社から刊行されたムック形式の『人生読本――読書術』という、今となってはちょっと気恥ずかしいタイトルの本があります。この本を書くために、書棚の奥から久しぶりに取り出してみました。そこには、小林秀雄から始まって、江藤淳、石川淳、長田《おさだ》弘《ひろし》、庄野潤三、桑原武夫などなど、錚々《そうそう》たる詩人や作家たちが読書について書いた懐かしい文章が並んでいます。

その中に「読書術」に対する三島由紀夫の極めて辛辣《しんらつ》な表現を発見して、これに共感した若い自分を思い出しました。「私の読書術」と題されたエッセイには、以下のような文章が収録されています。

> しかし、本とはよくしたもので、読むはうに「読書術」などといふ下品な、町人風な、思ひ上がつた精神があれば、本のはうも固く扉をとざして、奥の殿を拝ませないのが常である。殊《こと》に文学作品を読むには、それなりに一定の時間と、細心の注意と、酔ふべきものには酔ふ覚悟が必要である。

芸術至上主義者の三島らしい言葉だと思いませんか。忘れていたことを思い出させてくれる真の文学者の言葉だと思います。彼が今の世に蘇《よみがえ》り、現在の本を取り巻く状況を見たらなんと言うかは想像がつきます。

さて、私の印象に残っているもう一つの文章は、詩人の谷川俊太郎さんが書いたものです。「本について」というシンプルなタイトルがついています。

> 本を読み過ぎるよりは、読み足らぬ方がいいというのが、私の主義です。近頃の本屋はそういう私には余りに量的すぎて不快です。私はよく、一冊の本を読むこととぼんやり草の上に座って夕焼けを眺めることとの重味を比較し、後者を択《えら》ぶことが多いのです。

これも読書の本質を語った、詩人らしい、とてもシンプルで深い表現だと思います。本を読むより夕焼けを見る方がいいと敢《あ》えて宣明《せんめい》することは、とても素敵なことだと、この文章に大いに共感したものです。

直接「役に立つ本」もいいけれど……

いわゆる「読書論」や「読書術」の本が激増したのは、20世紀の終わり頃からであったでしょうか。「バブルが弾けて」という決まり文句が終わり、「新自由主義」というほとんど誰も本質を理解できない経済用語が、まるで新しい生き方の指針のように喧伝《けんでん》されるようになった頃からだと記憶しています。社会に格差が広がり始めたことを実感し始めた時代といってもいいでしょう。

時を同じくして、日本人にとって革命的な本が刊行されました。『金持ち父さん貧乏父さん』です。この本がどれほどのインパクトを持っていたか。敗戦後に軍国主義に代わって民主主義を教えた新しい教科書もかくやというような急激な価値観の転換が行なわれ、瞬く間に世の中に広がっていきました。お金よりも大事なことがあるという価値観は根こそぎにされた印象があります。「読書術」と「投資」。一見すると何の関係もなさそうなこの二つのテーマは、しかしながら、わが国の書物の歴史においては、深いところでつながっているように思えてなりません。

若い世代がワンルームマンション投資をして、老後に備えるなどということが普通に行なわれるようになり、書店には株式投資や不動産投資をテーマに、大金持ちになれるというタイトルのついた本が大量に並ぶようになりました。『年収が○○倍になる読書術』などというタイトルも目に見えて増えました。

これをもって責めることは誰にもできません。ビジネスパーソンは生き残りに必死になるのは当たり前です。仕事に関係のある本はもちろん、自分の生活に直接役立つ本を読むことに人々が狂奔《きょうほん》することは止めようもありません。しかし、そこにある種のせつなさと痛々しさを感じるのは私だけでしょうか。

いとこの娘さんへのお勧め本は——編集者の腕の見せどころ

話はもとに戻りますが、『編集者の読書論』において、ある意味多読を旨とする編集者の一番の腕の見せどころは、読者にお勧めの本をすぐに挙げることができることだと思います。個人的にも、編集者という仕事柄、お勧めの本はありませんか、とよく尋ねられます。

従兄弟《いとこ》の高校生の娘さんは、超のつく本好きです。読み終わった本を送ってあげると、あっという間にすべて読破してしまう。その咀嚼《そしゃく》力には感嘆することしきりですが、ある時、この高校生が私に、フランスの古典文学を読みたいのだけれど何かお勧めはありますか、と電話で直接聞いてきました。私が古典新訳文庫をプレゼントしていたので、何かヒントをもらえると思ったのでしょう。

すでにかなり世界の古典文学を読んでいることは承知していましたので、試しにフローベールやゾラの長編は読んだかと聞きました。

「いいえ、いつも『感情教育』と『ナナ』を読もうとして挫折してしまうんです。長い作品は、なんとか読めるものとまったく歯が立たないものとにはっきり分かれます」

そこで私が勧めたのは、古典新訳文庫に入っているフローベールの短編集『三つの物語』と、ゾラの『オリヴィエ・ベカイユの死／呪われた家――ゾラ傑作短篇集』でした。個人的にも大変好きな作品ばかりで愛読していたので、躊躇《ちゅうちょ》なく勧めることができました。

特に『三つの物語』の最初の短編である「素朴なひと」は、私の偏愛の対象です。

貧しい環境で育った主人公のフェリシテは、偶然、ある家の家政婦になります。その家の娘を可愛がり、また自分の甥《おい》を溺愛《できあい》しますが、女主人の娘も甥も不幸にして亡くなります。この家にもらわれてきた鸚鵡《おうむ》のルルだけが、彼女の心の拠《よ》り所となるのですが、その鸚鵡も死んでしまう。フェリシテはルルを剝製《はくせい》にして大切に保存します。やがて老いて病んだ彼女は死の苦しみに襲われます。私はラストの見事な文章を読んであげました。

> 最後の息を吐き出した瞬間、フェリシテは、空が開かれてゆくところを見たように思った。
> そこには、とほうもなく大きな鸚鵡が、自分を包み込むようにして、羽を広げていた。

こんな話をしてから、従兄弟の娘さんに本を送ると、ほどなくして連絡がありました。

「読み終わりました。フローベールもゾラも、めっちゃ面白かったです。こういう作家なのですね。これなら長編にも再挑戦できそうです」

「めっちゃ」という言葉に笑いながらも、この反応にはうれしくなりました。

「若いお爺さん」へのお勧め

さらには、学生時代からの友人たちからアドバイスを求められる機会も激増しています。

「お前は編集者なんだから、俺たちのようなセミリタイア世代が読む本を推薦できるだろう。昔、無理して読んだドゥルーズやデリダなんかの思想書なんかもうたくさんだし、小説も長い間読んでいないので、この年齢から何を読んだらいいのかわからないんだ。書店に行っても、もちろん図書館でもうまく選べないんだよ」

そう言って嘆いたYは、もともとは文学部出身の文学青年です。メーカーに長く勤めたので、本とは少し距離ができてしまったようです。難解な思想書はもう勘弁してくれというのは、よく分かります。若い時に背伸びしてポスト構造主義などを分かったふりして語った世代ですから。

そして確かに、シニアといわれる若いお爺さんのための読書ガイドがないことに気づきました。結局、Ｙに勧めたのは『ガリバー旅行記』でした。

小人国と巨人国の話は、子ども向けにダイジェストされた本で、ほとんどの日本人が知っています。小人国で体をがんじがらめにされたガリバーの絵は、子ども向けの本には必ず載っています。しかし、原典は大人のために書かれた物語ですから、話はさらに先に進むのです。なんとガリバーは日本に来ているのです。そして踏み絵を踏まないようにうまく立ち回るのですが、この話をするとＹの目が輝きました。「それ、すぐに読んでみるよ」

私が推薦したのはワイド版岩波文庫『ガリヴァー旅行記』でした。老眼が進んだこの世代にはぴったりの、ありがたい字組みだからです。やがてＹからＬＩＮＥが来ました。

「今まで何を読んでいたのだろう。あまりの面白さに夢中で読んでしまったが、自分が子どもの頃読んだ『ガリバー旅行記』は、ダイジェスト版だったのだな。騙《だま》された！」

彼の怒りに逆に癒される思いがしました。

私なりのたくさんのお勧め本を紹介します

さらには、40代になって男の料理教室に通い始めた独身の友人には、ブリア・サヴァランの『美味礼讃』（中公文庫）を勧めました。うれしいことに、料理の基本を語り尽くしたといわれる名著『料理の四面体』を書いた玉村豊男さんが編訳したものが刊行されたのです。「君が何を食べているか言ってみたまえ。君が何者であるか言い当ててみせよう」という有名な言葉を聞いたことのある人も多いでしょう。この本は、従来の翻訳ではなかなか読むのが大変でしたが、玉村さんの解説が随所に挿入されているこの新訳なら、気持ちよく読書できます。

　このように、私なりのたくさんのお勧め本があります。それを含めて、この本では読んで楽しい「読書論」になるよう心がけるつもりです。とはいえ、意外に思われるかもしれませんが、第Ⅰ章は『世界の〈編集者の〉読書論』です。私が編集者なのでこういう構成になったのですが、すぐに読書論から読みたいと思った方は、第Ⅱ章の「世界の魅力的な読書論」から読み進めていただいてかまいません。その後で第Ⅰ章に戻って読んでいただけると、理解がより深まると思います。もちろんご興味のある方は第Ⅰ章から読み進めていただいてなんら問題はありません。

　読者と同じ立ち位置である編集者ならではの気取らぬ読書論をエッセイ風に綴《つづ》っていきますので、肩の力を抜いてどうぞお楽しみください。

【ちょっと長いまえがき】の
ブックガイド

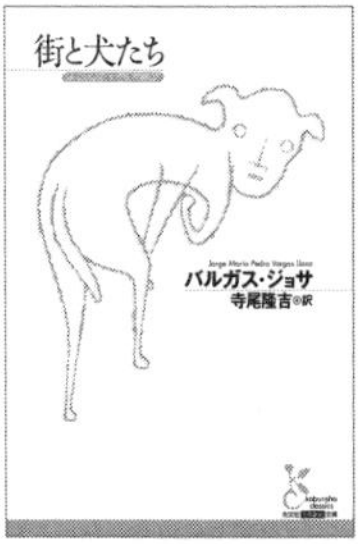

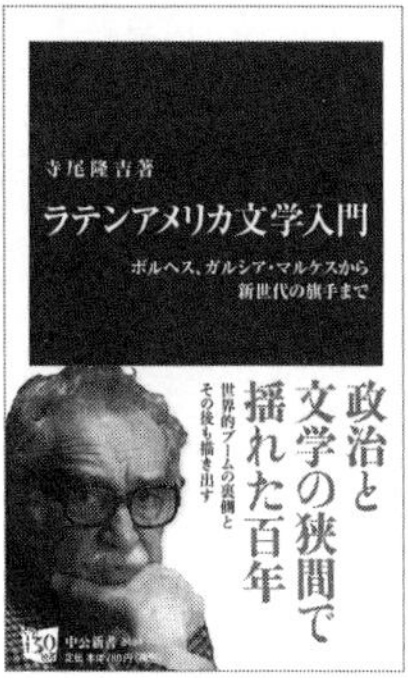

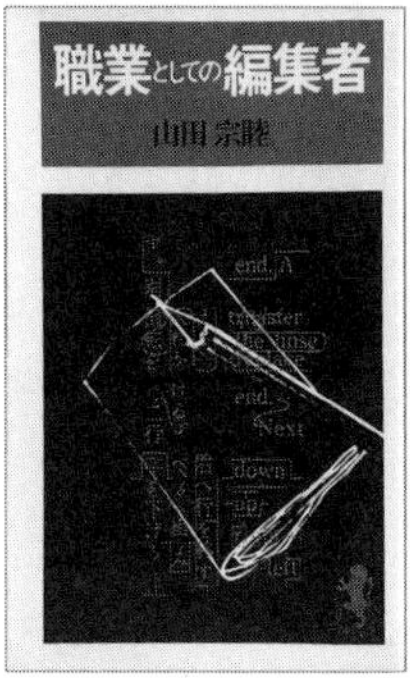

『JR上野駅公園口』 柳美里著、河出文庫
『なにかが首のまわりに』 チママンダ・ンゴズィ・アディーチェ著、くぼたのぞみ訳、河出文庫
『職業としての編集者』 山田宗睦著、三一新書
『職業としての編集者』 吉野源三郎著、岩波新書
『ラテンアメリカ文学入門』 寺尾隆吉著、中公新書
『街と犬たち』 バルガス・ジョサ著、寺尾隆吉訳、光文社古典新訳文庫
『ガストン・ガリマール――フランス出版の半世紀』 ピエール・アスリーヌ著、天野恒雄訳、みすず書房
『三つの物語』 フローベール著、谷口亜沙子訳、光文社古典新訳文庫

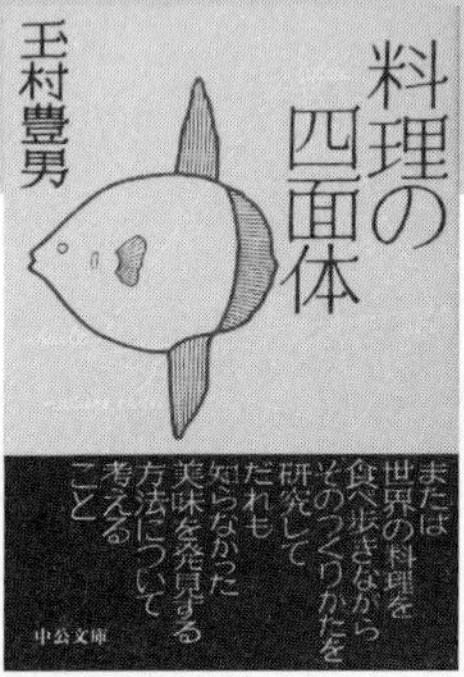

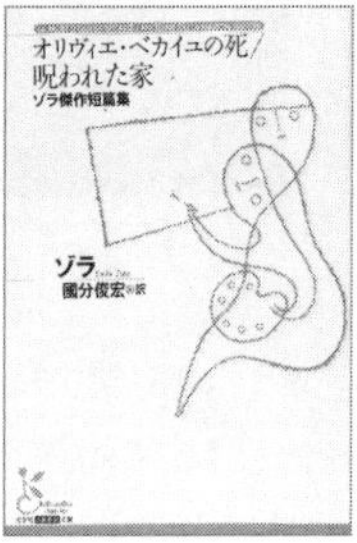

『オリヴィエ・ベカイユの死／呪われた家――ゾラ傑作短篇集』 ゾラ著、國分俊宏訳、光文社古典新訳文庫
『ガリヴァー旅行記』 スウィフト著、平井正穂訳、ワイド版岩波文庫
『美味礼讃（上・下）』 ブリア＝サヴァラン著、玉村豊男編訳・解説、中公文庫
『料理の四面体』 玉村豊男著、中公文庫

編集者の読書論

目次

目次・章扉・ブックガイドデザイン／熊谷智子

I

世界の〈編集者の〉読書論

(一) ロシア

「トルストイを読みたまえ」

文芸評論家の小林秀雄が『戦争と平和』について、こんなことを書いているのをご存じでしょうか。短いエッセイですが、タイトルは「トルストイを読み給え」です。

> 若い人々から、何を読んだらいいかと訊《たず》ねられると、僕はいつもトルストイを読み給《たま》えと答える。すると必ずその他には何を読んだらいいかと言われる。他に何にも読む必要はない、だまされたと思って「戦争と平和」を読み給えと僕は答える。だが嘗《かつ》て僕の忠告を実行してくれた人がない。実に悲しむべきことである。あんまり本が多過ぎる、だからこそトルストイを、トルストイだけを読み給え。(後略)

どうですか。あの小林秀雄がここまで言うのか、と驚くのではありませんか。

じつはこの文章を知ったのは、作家の辻原登さんの『東京大学で世界文学を学ぶ』の「まえがき　その二」に引用されていたからです。この本は辻原さんが東京大学で行なった世界文学の講義録ですが、とても魅力的な本です。

辻原さんは40歳になるかならぬかの頃、19世紀ヨーロッパ文学を読み直そうと決心した時に、小林秀雄の助言に従って『トルストイ全集』の完読から始めたこともこの本に書かれています。

確かに小林秀雄は、「作家志願者への助言」という文章のなかで、「若《も》し或る名作家を択《えら》んだら彼の全集を読め」と書いていますが、辻原さんのように本当に読む人は極めて稀《まれ》だと思います。残念ながら、私には無理そうです。全集はいくつか持ってはいるのですが……。

２０２１年秋、ロシア文学者の望月哲男さんの手になる光文社古典新訳文庫『戦争と平和』全6巻が完結しました。素晴らしい新訳です。

これを契機に私もこの大作に挑み、なんとか読了することができました。若い頃から何度も何度も挑戦してきたのですが、いつも挫折していたのです。「読みました。確かにすごい作品です」と泉下《せんか》の小林秀雄に報告したい気持ちになりました。

そして、このたびの読書で大事な教訓を得ることができました。「人生に手遅れはない」。この新訳を機会に、若い皆さんはもちろん、60代、70代、80代の方にもどんどん読んでいただきたいと思います。古典新訳文庫には、登場人物の解説の入った大きな栞《しおり》もついていて助かります。

もう一つ。読了のコツをこっそりお伝えしましょう。ロシア文学者の川端《かわばた》香男里《かおり》さんが書いた『トルストイ『戦争と平和』（100分 de 名著）』で物語の概要を先に読んでおき、さらに読み進める時に手元に置いておくと、主な登場人物の相関関係と地理的な要素が容易に分かるので、とても便利なのです。内緒ですよ。

ロシアの偉大なる編集者、スイチンの自伝

なんだ、読書論を期待していたのに、いきなりトルストイの話か、と思っていませんか。じつはそのトルストイの気取らぬ姿が活写されている、ロシアの出版人、イワン・スイチンの自伝『本のための生涯』をご紹介するつもりなのです。

この章では、タイトル通り、世界の出版人、編集者の自伝、評伝を紹介しながら、編集者の在り方とその読書への視座を見ていきたいと考えています。

このイワン・スイチンの自伝は私の長い間の愛読書であり、大袈裟《おおげさ》ではなく、時には教科書といってもいい存在でした。欧米の編集者の自伝や評伝は、後でご紹介するように、かなりの数がありますが、ロシアのそれは極めて稀だと思います。

本書に描かれた、ロシアの近代化を陰で支えたといっても過言ではない伝説的な出版社の創立から終焉までの歴史は、まさに波瀾万丈。登場人物もチェーホフ、トルストイからニコライ2世、そしてあの怪僧ラスプーチンまでと、驚くほど多彩です。ですから一般の読者が読んでも十分楽しめる内容だと思います。

さて、このイワン・ドミートリエヴィチ・スイチンなる人物はどんな人なのか、ご紹介しましょう。

１８５１年、モスクワの北東３００キロほど離れたコストロマ県で生まれ、12歳から毛皮商の手伝いをして、15歳の時にモスクワのシャラーポフ書店で見習いとして働き始めます。非常に勤勉であったスイチンは、すぐに周囲にも社主にも認められる存在となります。アイデア溢《あふ》れる人間でもあったスイチンは、１８７６年に石版印刷所を作り、「ルボーク」と呼ばれた民俗版画の印刷を始め、大成功を収めます。

農民たちに広く支持された「ルボーク」は、民話や歌謡、宗教的なものを素材とした絵画としての民衆のエンタテインメントであり、啓蒙的な役割も果たしていたといいます。

これが農民に出自を持つスイチンの、民衆との固い絆を基調とした出版の仕事の始まりでした。

１８８３年に独立して、モスクワに書店を開きますが、ほどなく出版社「スイチン・アンド・カンパニー」に改組して、本格的な出版人としての歩みを進めます。農奴が解放されてからそれほど間のないロシアでは、出版物による知的な娯楽など、まだまだ大衆には無縁だと思われていた時代でした。広く大衆に読まれる本を手掛けることによって、急速にスイチンの出版社は成長していきます。

さまざまなジャンルの出版に手を広げながら、スイチンは、絶えず厳しい検閲と全力で戦います。出版に圧力がかかれば、政府に影響力のある人間のツテをたどって皇帝にも嘆願します。彼のエネルギーはほとんど無尽蔵と思えるほどです。本書『本のための生涯』の語り口は人柄そのままに篤実《とくじつ》そのものですが、事業家としては、稀代《きたい》の凄腕《すごうで》ビジネスパーソンだといえるでしょう。

大切なのは「面白いこと」と「安いこと」

しかし彼の出版に対する激しいまでの情熱は、金銭に向けられたものではありませんでした。

> 大衆のためのいかなる特殊な文学も創造することはできないし必要もない。あらゆる国の第一級の作家の作品は、大衆に親しいし、理解できる。あらゆる読者と同じように、大衆は退屈を我慢できないし、「赤ちゃん言葉」、つまり、大衆の言葉と大衆の知識程度に合わせたまがい物を軽蔑するものだ。

彼の出した結論は、出版を成功させる条件は二つしかないということです。曰《いわ》く「とても面白いこと」そして「とても安いこと」。

面白いといっても単なるエンタメではなく、大衆向けの廉価《れんか》版でプーシキンとゴーゴリをそれぞれ10万部ずつ、合計20万部をあっという間に売り切った時、彼は快哉《かいさい》を叫びます。当時はトルストイですら、プーシキンやゴーゴリなどのロシア文学は、大衆には無縁なものだと考えていたのですから。

しかし、スイチンは、もしプーシキンやゴーゴリが大衆にとって理解を絶するものだったとしたら、これらの本が飛ぶように売れるわけがない、と分析するのです。

この部分がスイチンという出版人の核になるところだと思いますし、同時に今日の編集者にとっても示《し》唆《さ》に満ちた言葉だと思います。スイチンは、一人の啓蒙家として、事業を拡大していったのです。

児童文学、視覚教材、産業教育、そして軍事百科事典まで、あらゆる種類の出版に全力を尽くし、すべてを事業化していった過程は、ビジネスパーソンとしても見事の一言に尽きます。その根源には、先ほど述べた民衆に対するある種の義務感とでもいうべきものがあったのだと思います。

スイチンが見たトルストイ——事業の協力者として

この本にはもう一つの魅力があります。スイチンと作家たちとの心温まる交流です。

スイチンは当時のロシアの作家のほとんどと面識があったといいます。ロシアの19世紀末の作家では、スイチンの筆で描かれたトルストイとチェーホフの話がとりわけ魅力的です。

トルストイには娘と息子が素顔のトルストイを描いた評伝があります。娘のタチヤーナ・

トルスタヤが書いた『トルストイ——娘のみた文豪の生と死』、息子のイリヤ・トルストイが書いた『父トルストイの思い出』がそれです。

どちらもとても興味深い内容で、一読に値しますが、スイチンが書き残したトルストイのエピソードは、ちょっと趣《おもむき》が違います。出版人、編集者としての立場から、そしてなにより事業の協力者としてトルストイを描いています。

最初にトルストイの名が登場するのは、スイチンが本物の作家とコンタクトしたいと切望した時に現れた青年が持ち込んだ出版企画でした。青年とともにトルストイもその企画に積極的に関わり、印刷、編集、販売にも重要な指示を与え、改善策を提供したのです。

トルストイはスイチンの店にやってくるのが好きでした。それも秋に来るのが好きだったのです。それというのも、この時期には地方に行商に出るたくさんの商人たちが、本や絵の仕入れのために集まっていたからです。

トルストイがまずこんな風に問いかけます。

「こんにちは。どうかな、商いは」

「まあまあで、ぼちぼちってとこで。で、おまえさんは、なにかい、商いを習いたいのかい。じいさん、きょうだいよ、遅かったね、もっと前に来なきゃあな」
トルストイに「じいさん」と呼びかけるので、店の勘定係が気を遣い、「このかたがトルストイなんだぞ」と注意しますが、もちろん彼らは一向に気にしません。

「じゃあどうして百姓みてえななりをなすってるんだね。それとも旦那の身なりにあきちまったのかね。わしらにくれりゃァ、そいつを着たのによ」

そう言われたトルストイは、腹の底から笑ったといいます。

トルストイの死後、遺産相続人たちの意を受けて、スイチンは50ルーブルの豪華版全集を１万部、10ルーブルの廉価版全集を10万部発行します。この出版はスイチン社には何の利益ももたらしませんでしたが、スイチンはこの仕事を、ロシア人が「限りなく多くのものを」負うているトルストイに対する責務だと考えていたのです。

１９１０年のトルストイの葬儀に際しても、スイチンはモスクワの友人たちとヤースナヤ・ポリャーナに向かいます。ヤースナヤ・ポリャーナは、トルストイがここで生を享《う》け、長じて『戦争と平和』『アンナ・カレーニナ』を書いた場所です。ここに、5000人を超える人たちが集まり、この作家に別れを告げるのです。

スイチンによるトルストイの葬儀の回想は臨場感に溢れています。一人の作家の死が民衆にこれほどの衝撃を与えたことに、今さらながら不思議の感を抱いてしまいます。

チェーホフ「スイチンは新聞を出さなければならない」

一方、チェーホフに関して書かれた文章も、とても印象深いものです。

医師でもあるチェーホフは、生真面目そうで神経質な作家という印象がありますが、本書に登場するチェーホフは、陽気なチェーホフというか、まるで別人のようです。

「スイチンは新聞を出さなければならない」。チェーホフは粘り強く説得を繰り返したので、スイチンもついにこの事業に取り組む決心をします。チェーホフは言います。

> 「新聞は、その社の読者の友人でもあり教師でもなければなりません。新聞は、読者に読む習慣をつけさせ、そのなかで趣味を養い、書物に到る道を切りひらかねばならない。新聞の読者は本の読者にまで成長するはずです」

チェーホフは、ホテルに12人の文学仲間を招いて、スイチンの新聞への応援を頼みます。チェーホフは大変な上機嫌でこんな言葉を繰り返します。

「これまでわれわれには『きのう』と『きょう』しかなかった。だが今に『あした』もやって来ます。それはいつかきっとやって来ますよ」

実際には新聞を伝染病と同じように考えている当局からの監視をかいくぐらなければならず、大変な作業を強いられますが、最終的には100万部もの部数を誇るヨーロッパ有数の新聞に成長させることに成功します。

わたしは、長い生涯と半世紀にわたる出版活動のあいだに、多くの人びとと出会い、ロシアのほとんどすべての文学者と知りあいになった。だがそのなかで、チェーホフほど強い印象を残した人もいなかった。これは非常に魅力的な、おどろくほどの素朴さと、心にしみいる小児のような率直さをそなえた人だった。

> わたしはチェーホフと偶然、街かどで知りあった。（中略）秋の外套《がいとう》すがたの美しい、感じのいい青年が近づいてきて、低めのよく響く声で呼びかけた。
> 「こんにちは、イワン・ドミートリエヴィチ（＊スイチンのこと）。お近づきにならせてください……。チェーホフです」

チェーホフの『ワーニャ伯父さん』は、村上春樹さんの短編小説「ドライブ・マイ・カー」に登場しますが、この小説を濱口竜介監督が映画化して、ゴールデングローブ賞を受賞しました。映画の劇中劇で「ワーニャ伯父さん」の台詞《せりふ》に使われているのは、浦雅春《うらまさはる》さんが古典新訳文庫で新訳したものです。これは素晴らしい映画ですので、ぜひご覧になることをお勧めします。

また、浦雅春さんの新訳でチェーホフの４大戯曲はすべて読むことができます。

太宰治の書いた「チェーホフ論」

チェーホフの評伝としては、弟・ミハイル・チェーホフが書いた『わが兄チェーホフ』と、妹のマリヤ・チェーホワによる『兄チェーホフ――遠い過去から』の２冊があります。なんと2冊とも、文中にスイチンの名前が登場します。

さらに、少し話が逸《そ》れますが、チェーホフ論ということでいえば、太宰治が書いた「津軽地方とチエホフ」という味わい深い文章があります。

私が生意気な高校生だった頃、悪友たちと学校をさぼってよく東京・神田の神保町に行きました。そこで手に入れた一冊が、檀一雄《だんかずお》の書いた『太宰と安吾』でした。

そこに「太宰治と読書」という短文があります。文字通り、太宰が何を読んでいたかを紹介した内容なのですが、その文章は長く私の脳内に残りました。

> 何といっても、西洋の文学で太宰の一番の愛読書はチェホフだ。短篇のすべての根幹にその激しい影響が見られるだろう。（中略）
>
> チェホフの短篇は、しかし随時古本屋から買い改めて来ては、こそこそと読んでいた。「決闘ぐらいの小説が書けたらねえ」太宰はよくそんなことを云っていた。

高校生だった私が初めて読んだチェーホフの作品が「決闘」だったのは、お分かりいただけるでしょう。

そして太宰の「津軽地方とチエホフ」はなかなか凝った内容です。

> ちょうどいまの日本の津軽地方の生活が、そっくりチエホフ劇だと言ってよいような気さえした。津軽地方にも、いまはおびただしく所謂《いわゆる》「文化人」がいる。そうしてやたらに「意味」ばかり求めている。たとえば、「伯父ワーニャ」のアーストロフ氏の言の如く、

と書いて、さらに「桜の園」のトロフィーモフ、「三人姉妹」のトゥゼンバッハとマーシャというチェーホフ劇の登場人物の台詞の引用がなされているのですが、絶妙の選択だといえます。

それから私の個人的なお勧めとして、佐藤《さとう》清郎《せいろう》というロシア文学者の書いた『トルストイ心の旅路』と『チェーホフの生涯』という素晴らしい内容の本を挙げておきましょう。後者では、トルストイとチェーホフの交流についても詳しく触れています。ご興味のある方はぜひともお読みください。

トルストイ関連の本では、それこそ河出書房新社のトルストイ全集の別巻『トルストイ研

究』に、内外のたくさんのトルストイ論が収容されています。あのレーニンの有名な論文「ロシア革命の鏡としてのレフ・トルストイ」や同じく革命家のローザ・ルクセンブルクが書いた優れたトルストイ論「社会を思索したトルストイ」もあります。

農民と労働者に書物を捧げた生涯

スイチンの話に戻ります。こんな行動力のある出版人・スイチンが、ロシア革命の後は仕事から遠ざけられ、１９３４年まで生きたことは悲劇的なことです。

１９２４年にレーニンが死去、１９２９年にはトロツキーが国外追放され、スターリンが絶対的な権力者として君臨する過酷な体制下で最晩年を生きたスイチンは、何を思っていたのでしょう。自らがその啓蒙に生涯を捧げた農民と労働者階級の姿に満足していたのかはなはだ疑問です。

本書『本のための生涯』は正統的なロシア文学史には、決して登場しない人物、イワン・スイチンの興味深い生涯を知ることができる貴重な一冊です。

【Ⅰ 世界の〈編集者の〉読書論――（1）ロシア】の ブックガイド

「トルストイを読み給え」小林秀雄著、**『小林秀雄全作品〈19〉真贋』**（新潮社）所収
『東京大学で世界文学を学ぶ』辻原登著、集英社文庫
「作家志願者への助言」小林秀雄著、**『読書について』**（中央公論新社）所収
『戦争と平和（1～6）』トルストイ著、望月哲男訳、光文社古典新訳文庫
『トルストイ**『戦争と平和』**（100分 de 名著）2013年6月』川端香男里著、NHK出版
『本のための生涯』イワン・スイチン著、松下裕訳、図書出版社
『トルストイ――娘のみた文豪の生と死』タチヤーナ・トルスタヤ著、木村浩・関谷苑子訳、TBSブリタニカ
『父トルストイの思い出』イリヤ・トルストイ著、青木明子訳、群像社
『アンナ・カレーニナ（1～4）』トルストイ著、望月哲男訳、光文社古典新訳文庫
『かもめ』チェーホフ著、浦雅春訳、岩波文庫
『ワーニャ伯父さん／三人姉妹』チェーホフ著、浦雅春訳、光文社古典新訳文庫
『桜の園／プロポーズ／熊』チェーホフ著、浦雅春訳、光文社古典新訳文庫

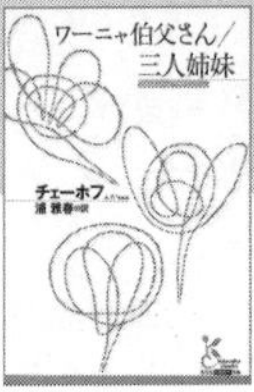

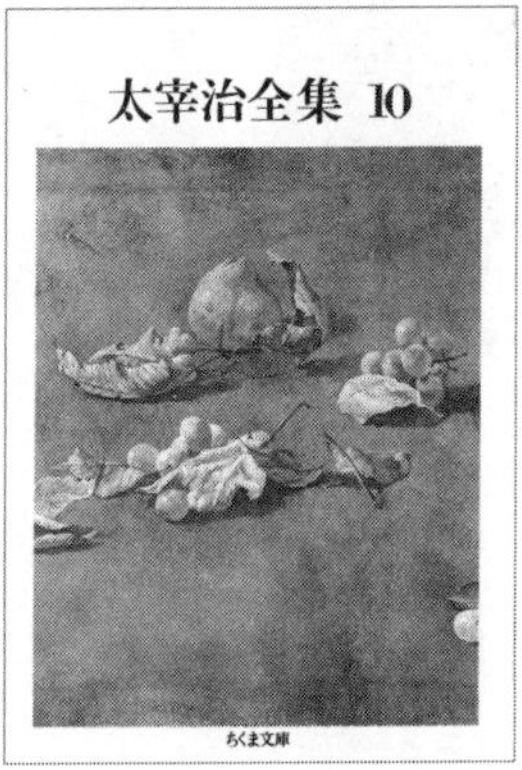

「ドライブ・マイ・カー」村上春樹著、**『女のいない男たち』**（文春文庫）所収
『わが兄チェーホフ』ミハイル・チェーホフ、宮島綾子訳、東洋書店新社
『兄チェーホフ――遠い過去から』マリヤ・チェーホワ著、牧原純訳、筑摩書房
「津軽地方とチエホフ」太宰治著、**『太宰治全集〈10〉』**（ちくま文庫）所収
『太宰と安吾』檀一雄著、角川ソフィア文庫
『トルストイ　心の旅路』佐藤清郎著、春秋社
『チェーホフの生涯』佐藤清郎著、筑摩書房
『トルストイ全集――別巻トルストイ研究』法橋和彦編、河出書房新社

(2) フランス

名編集者エッツェルとフランスの巨匠たち

さて、次はフランスの編集者です。

この本の「ちょっと長いまえがき」で、私が海外の出版界との付き合いで理解したことは、編集者は書き手と対等であり、書き手に率直に意見できる存在なのだということだったと書きました。

その典型的な例ともいえるのが、これから紹介するエッツェルという編集者です。

フランス文学者の私市《きさいち》保彦《やすひこ》さんが書き下ろした５００ページを超える大作『名編集者エッツェルと巨匠たち——フランス文学秘史』をご紹介しましょう。この本を知る人は少ないかもしれませんが、とても魅力的な奥の深い内容を持っています。

私もこの本を読むまではもちろん、エッツェルなる人物については何の知識もありませんでしたし、彼こそがあのジュール・ヴェルヌの数々の名作をこの世に送り出した編集者であったことは、幼い頃からヴェルヌの大ファンであった私にも驚きでした。

序章で著者の私市さんが書いたエッツェルの紹介だけで、読者は度肝《どぎも》を抜かれるのではないでしょうか。

> エッツェルは十九世紀フランスにおける最大の編集者のひとりといってよい。バルザック、ジョルジュ・サンド、ユゴー、ジュール・ヴェルヌをはじめとして、ノディエ、ラマルティーヌ、ミュッセ、サント＝ブーヴ、ボードレール、アレクサンドル・デュマ親子、プルードン、ドーデ、ゾラ、エクトール・マロ、ヴェルレーヌ、ツルゲーネフ、ミシュレ・エルクマン＝シャトリアンなど、作品の刊行になんらかの形でエッツェルの世話になった作家たちは枚挙にいとまがない。

すごいなあ、と思わず嘆息してしまいます。正直なところ、何人かの作家は初めて聞く名前でしたが、それでもこれが、ツルゲーネフというロシアの作家を含む19世紀フランスの輝かしい作家リストであることはよく分かります。フランス文学のいわば黄金期のほとんどの作家の知己《ちき》であり、直接担当した編集者でもあったのです。

もう一つ、エッツェルの存在を際立たせている特異な要素は、P・J・スタールというペンネームで１００冊以上の児童書を書いていることです。後で紹介するヴェルヌへの過干渉ともいえる助言の数々も、こういう背景があってのことなのです。

著者の私市さんはここで本書執筆の動機を語ります。

> 編集者はいわば読者と作家をつなぐ靭帯《じんたい》であり、編集者抜きでは作品は成立しない。このような出版ジャーナリズムが成立した十九世紀においては、編集者の役割にもっと照明をあてていいのではないか。近年フランス本国では、エッツェルという名編集者が果たした役割や、作家たちとの関係を見直す試みがなされている。

次の節（93ページ）でご紹介する予定の、ドイツの出版社を取り上げた『ナチス通りの出版社』の著者たちも、同じような執筆動機を挙げています。

私が働き始めた１９８０年代の日本の出版界では、「編集者は黒衣《くろこ》である」と当たり前のようにいわれていました。しかし、これは実際には何も言っていないに等しいのではないでしょうか。こういう編集者の存在を再考しようという作業が行なわれるようになったのは比較的最近のことだと思いますが、この変化は重要です。

始まりは「バルザックの編集者」として

エッツェルは１８１４年、パリ南西約87キロに位置するシャルトルという町で生を享《う》けます。そこで初等教育を終えると、親元を離れてパリで下宿生活をします。それからストラスブール大学で法学を学びましたが、両親が自分を大学に行かせるために生活を切り詰めていることに衝撃を受け、21歳の時にパリに出てポーラン書店で働き始めます。

ポーラン書店の店主、アレクサンドル・ポーランは、いわばフランス革命の申し子というような世代に属しており、店主自身が自由思想を鼓吹《こすい》する作家たちを後押しする編集者になり、その関連の本を出版します。エッツェル自身も共和主義への信条は筋金入りだったという説明がありますが、じつはこのことは彼の人生を決める大切な要素となります。

エッツェルの功績の紹介は、まずバルザックとの関係から始まります。

（＊エッツェルは）バルザックとは、その巨大な連作の金字塔たる『人間喜劇』の刊行者という、編集者として歴史的役割をになうことになるのだ。

この文章を最初に読んだ時には、そうか、そうなんだと驚きました。『バルザック「人間喜劇」セレクション』を持っている（だけの）人間としても、これは感激します。

それにしても、バルザックという人間のあり様は、本当に興味深いものがあります。若きバルザックは、金のために大衆小説をペンネームで書き、成功の幻想に取り付かれたように印刷業にも手を出します。バルザックといえば、『ゴリオ爺さん』などの長編を思い浮かべる人がほとんどだと思いますが、どうして短編もとても面白いのです。

後で詳しく触れますが、古典新訳文庫でバルザックの短編集『グランド・ブルテーシュ奇譚』が刊行されています。フランス文学者の宮下志朗さんの新訳です。最後の一編はその名もずばり「書籍業の現状について」。ちなみにこの文章は本邦初訳、つまり日本で初めて翻訳、紹介されたものです。

書物の商いは、今日では穀物の商いと同様に、高い必要性に支えられている。普通にものを食べ、衣服を着て、家に住むことができる人間にとって、もっとも強烈な欲求と

は知性を拡大させることなのだ。なぜならば、現代においては知性は権力に勝るのだから。（中略）
しかしながら書籍業は、今日、もっとも不評を買っている商売の一つなのである。ひょっとしたら、この業界はその昔悪名を轟《とどろ》かせていた代訴人と並び称されたいのではないかと思うほどだ。（中略）印刷術が誕生した時代において、書籍商は尊敬すべき、そして実際に尊敬されている学識者であったのに、一九世紀の書籍商はあまり敬われることのない人間に堕《だ》してしまったのだ。

往々にして、山師というか、夢想家というような所業が伝えられるバルザックにしては、正論だと思われた方も多いでしょう。しかし訳者の宮下さんの解説には笑ってしまいます。ここからバルザックは「ブッククラブ」という会員制の直販システムで大儲けを企むのですが、例によって挫折したというのです。

ユゴーとエッツェル――亡命先での運命の出会い

次は、ヴィクトル・ユゴーとの関係です。１８５１年12月にルイ＝ナポレオン、すなわちあのナポレオン・ボナパルトの甥《おい》で、後のナポレオン三世がクーデターを起こし、権力を握ります。反ボナパルト派のユゴーのような作家は亡命を余儀なくされました。共和派のエッツェルも身の危険を感じて、ユゴーと同じようにベルギーへ亡命をします。

こうして同じ亡命先のブリュッセルで、ユゴーとエッツェルは運命的な出会いを果たし、友情を育むのです。

ユゴーが妻に書いた手紙が引用されています。

> たぶんわたしは、作家と編集者の城塞を築いて、そこからボナパルトに砲撃することになります。ブリュッセルからでなければジャージーからでしょう。エッツェルが会いにきました。彼はわたしと同じプランをもっています。

エッツェルはユゴーから詩篇の書き下ろしの相談を持ち掛けられます。ルイ＝ナポレオン弾劾の詩集、その名も『懲罰《ちょうばつ》詩集』。すごいタイトルです。

この個性的な二人は時に衝突もしますが、ユゴーのエッツェル宛ての手紙を読むと、編集者とはこういうものだという気持ちが沸々《ふつふつ》と湧いてきます。

あなたはわたしの編集者である前にわたしの友人です。

そして、あなたがなんといおうと、頭の天辺から足のつま先まで詩人であるあなたは、むろんわたしの仲間です。わたしはあなたほどに魅力的で機知に富んだ人を知りません。

あのユゴーにこんなことを言われたエッツェルはどんな気持ちだったでしょう。こういう手紙を読んでいると、私たちの内にある編集者像が変わっていくのがお分かりになるでしょう。

さらにエッツェルは、ロシアの編集者・スイチンと同じ仕事を目指します。

１８６０年に帰国したエッツェルは、まず、中産階級から庶民までが気軽に手に取れる、廉価でよい本を普及させようとします。第二に、本の愛好家のための豪華本、第三に、潜在的な読者がたくさんいる児童書を考えます。これは、まるでスイチンですね。19世紀という時代は、大衆の知的レベルの向上を背景に、それまでの時代とは決定的に違う出版が可能になった時代だったのです。

エッツェルは帰国後の記念出版として、あの『ペロー童話集』の豪華本を刊行します。さらには1860年5月に、ミシェエル・レヴィーという編集者と組んで『ボン・ロマン』という定期刊行物を出し始め、1863年末に手を引いて、翌年、長年の夢だった子ども雑誌『教育娯楽雑誌』を発刊します。

『海底二万里』をめぐるヴェルヌとの闘い

ここに一人の作家が原稿を手に飛び込んできました。それがジュール・ヴェルヌだったのです。

一方でエッツェルは、著作権確立に向けた闘いも始めています。

ヴェルヌとエッツェルの関係を読んでいくと、一人の編集者として不思議の感に打たれます。このような作家と編集者の関係は空前にして絶後ではないでしょうか。1862年に二人が初めて会った時はヴェルヌは34歳、エッツェルは48歳でした。

皆さんのなかにも、ヴェルヌ・ファンがたくさんいると思います。古典新訳文庫では、『八十日間世界一周』と『地底旅行』は、翻訳家の高野《たかの》優《ゆう》さんの新訳で読むことができます。『地底旅行』は小学生の私の枕頭《ちんとう》の書でしたので、ノーカット版の新訳で校正紙を読むのは、本当に楽しい仕事でした。児童文学全般にいえることですが、やや長い物語は、子ども向けに縮約されているケースが非常に多いのです。

もちろん幼い私もそれゆえに読むことができたので、それはそれで貴重な読書体験なのですが、原文に忠実に新訳されたものを読むのは、また違う喜びがあります。

さて、ヴェルヌの代表作といわれるのは、例の『教育娯楽雑誌』に連載された『海底二万里』ですが、この本に関しては、じつに興味深いエピソードが紹介されています。

ノーチラス号の船長、ネモはよく知られた存在です。このネモの出自をめぐるヴェルヌとエッツェルのやり取りが、本書『名編集者エッツェルと巨匠たち』には再現されているのです。こんなに面白い裏話はありません。

ヴェルヌは当初、ネモをロシアの圧制に反抗するポーランドの王子として想定したのです。しかしエッツェルは反対します。その理由が、ロシアという国がエッツェル書店とヴェルヌの上得意だったからだという一節を読んだ時は驚きました。ビジネスパーソンの面目躍如《めんもくやくじょ》です。

ヴェルヌはもちろん反論しますが、最終的にはこの案を取り下げます。しかし、エッツェルが主張する別の案にも断固反対します。

こんな闘いがこの作品の背後にあったことを知った時は、本当に驚きました。「エッツェル、あなた編集者としてやり過ぎですよ」と言いたくなる展開です。

このようなすったもんだがあって、皆さんがご存じの、ネモが何者であるのかも判然としないまま終わるということになるのです。

ボツにされた『二十世紀のパリ』――約１３０年ぶりに出版

しかし、本書を読んでいてなによりも驚くのは、『海底二万里』に代表されるヴェルヌに対する「過干渉」ともいえるアドバイスの数々です。文章についてはもちろん、その構成や内容に至るまで、じつに細かい注文をつけているのに驚きます。よくヴェルヌが忍耐強くエッツェルの晩年まで付き合ったなと思うほどの激しい意見をもろにぶつけています。

極めつけは、ヴェルヌが若い頃に書いた『二十世紀のパリ』という作品を、なんとボツにしていることです。この小説は、ヴェルヌのひ孫が引っ越しの際に、何も知らずに原稿を金庫のなかから取り出したのですが、その時は貴重なものであることに気づかなかったのです。後に真筆であることが分かり、約１３０年ぶりにようやく日の目を見ました。

１９９４年に刊行されたこの『二十世紀のパリ』は、日本でも翻訳されて読むことができます。もちろん私も読みましたが、１００年後の世界を描いた、いわば未来予測小説として、極めて興味深い作品で、思わず引き込まれるような魅力があります。なぜこれをボツにしなければならなかったのか、私自身、一人の編集者としても理解に苦しみます。しかし、エッツェルは刊行を断固として認めなかったというのです。

さて、作家の文章に手を入れるのは、このエッツェル自身が作家でもあったからでしょう。

> エッツェルはヴェルヌの原稿に手をいれるのを習慣としていたのである。いわば、エッツェルはヴェルヌの育ての親であり、教師であり、「精神の父」であったのだ。

著書の私市さんはこう書いていますが、それにしても、いかに凄腕の編集者でもこれは普通あり得ないと思います。筆者はさらにこんなエッツェルの姿を描いて見せるのです。

> エッツェルは死ぬまで、それこそ目の色の黒いうちは、ヴェルヌの創作に口を出しつづけたのである。エッツェルの「教育娯楽雑誌」に発表されないばあいでも、いずれ自社で単行本になるのだからと、一貫して注文をつけた。それも、きわめて具体的であり、ときにはエッツェル自身が作者になったつもりで、文章まで書いてみせるのである。こ

ういう傾向は、晩年になるにつれて、はなはだしくなってくる。

ヴェルヌがなぜこういう編集者を拒絶しなかったのか。それを考えることは、小説の創作を考える上で極めて本質的なことでしょう。

エッツェルと若き作家たちとの強烈なエピソード

こうして最後まで過干渉を繰り返したエッツェルは、１８８６年３月に亡くなりました。その時のヴェルヌの心境を考えてみるのも興味深いと思います。

もちろん本書には他の作家とのやり取りもたくさん紹介されていますが、ただヴェルヌとのエピソードがあまりに強烈なのです。

最後に、ゾラとエッツェル、ユイスマンスとエッツェルのエピソードをご紹介しましょう。

この二人の作家は処女作をエッツェルに売り込みましたが、その反応は対照的でした。作家志望の青年だったゾラがエッツェル宛てに書いた手紙が残されています。やっと返事をもらったゾラは友人にこんな風に書き送っています。

「ぼくは、最初の勝利をおさめた。エッツェルがぼくのお話集《コント》を受けいれてくれた。この本は十月はじめに出版されるだろう」

ゾラといえば、自然主義文学の象徴とでもいうべき存在であることは、日本でもよく知られていますが、こんなナイーヴな手紙を書いていたのです。エッツェルが受け入れてくれたことが本当にうれしいのが伝わってきます。

この出会いがあってこそ、『ナナ』『居酒屋』などの名作が生まれたのだと考えると、エッツェルの存在の大きさに驚きます。もちろん、才能ある人間は必ず世に出るとは思いますが。

逆にひどい目に遭ったのが、ユイスマンスです。日本では、澁澤龍彦《しぶさわたつひこ》訳で『さかしま』が今でもよく読まれていますし、三島由紀夫は「デカダンスの聖書」というエッセイではユイスマンスを絶賛しています。

> 久しく名のみきいてゐたデカダンスの聖書「さかしま」の難解を以て鳴る原文を、明《めい》晰暢達《せきちようたつ》な日本語、しかも古風な威厳と憂愁をそなへた日本語にみごとに移しえた訳者の澁澤龍彦氏の功績を称《たた》へたい。（中略）

さて、「さかしま」は、いやしくもデカダンスを論ずる者が、一度は読まねばならぬ本である。ここにはデカダンスの光栄と滑稽《こっけい》がすべて描かれ、デカダンの必須の条件である富と教養がすべて呈示されてゐる。

遠い日本に生まれた三島由紀夫が、その才能をこのように絶賛していたユイスマンスが、処女作をエッツェルに持ち込んで拒否されたのです。しかも、君には才能がない、文章もひどいなどとさんざんなことを面と向かって言われたのですから、恨みに思って当然です。編集者は一級の批評眼を持っていなければならないと「ちょっと長いまえがき」で書きましたが、じつはエッツェルほどの編集者でも間違いを犯すことがあるのです。まして自分自身のことを考えると頬が赤らむような記憶がよみがえってきます。

このエッツェル書店は息子の代で終わりを迎えました。この編集者の一代記『名編集者エッツェルと巨匠たち』は、いろいろな角度から読むことが可能な作品です。ぜひ一読をお勧めします。

アフリカ人作家の突然の訪問

ある日の午後、眠気と闘いながら、上がったばかりの翻訳原稿を読んでいると、受付から電話がありました。

「お約束はないそうですが、受付にカマ・カマンダさんがお見えです」

カマ・カマンダ？　翻訳を専門に扱う部署ということで、普段から外国人が社を訪問しますので、別に驚いたわけではありません。ただ、名前にまったく心当たりがなかったことと、聞き慣れぬ響きに戸惑いを感じたことは確かです。

しかし、せっかく社を訪問してくれた人に会わずにいるわけにもいきません。今すぐ下に降りるからと答えて、一階の吹き抜けのあるロビーに行きました。

そこには、日本人の女性を伴った大柄な黒人男性が、人懐《ひとなつ》っこい笑顔を浮かべて立っていました。握手を交わしてからロビーのテーブルに導くと、颯爽《さっそう》と椅子に腰掛けます。アテンドの日本女性に向かってフランス語で何か話しかけています。

「今日は突然お邪魔して申し訳ありません。私の本の出版のことでご相談があり、こちらの会社では外国の文学も積極的に出版なさっていると聞いたもので、直接やってきました」

女性はカマ・カマンダさんの言葉を通訳してくれます。私は彼の大きな身振りを交えた売り込みを聞くこととなりました。陽気で人好きのする話し方でなされる自己紹介を聞き、彼が書いた非常に文学的な本の話を聞きました。

「どうだろう？　検討してもらえないだろうか」

「残念ながら、そういう傾向の作品は扱った経験がないので、ちょっと難しいですね」

私の紋切り型の断りの文句を聞くと、カマ・カマンダさんはぐっと身をのりだして言いました。

「なんだって、こんな立派な社屋があるっていうのに、私の本が出せないはずがないだろう。ガリマールの何倍も大きな社屋じゃないか」

「ガリマール社より大きいではないですか」

ガリマール？　あのフランスの名門出版社として知られるガリマールより大きい？　唐突な比較に驚いて、私は思わず苦笑してしまいましたが、「ガリマールの社屋の大きさは知りませんが、その内容ですと、経験のない我が社では無理です」と答えるしかありませんでした。

その時は何も知らないままに応対しましたが、後で調べてみると、じつは彼はすでにヨーロッパで活躍し、よく知られているコンゴ出身の詩人・小説家でした。今では日本のウィキペディアでも、その経歴を読むことができます。

　そして彼は、実際に、日本で自らの作品を刊行することに成功しています。『漆黒《しっこく》の王子――アフリカの吟遊《ぎんゆう》詩人＝グリオ36の物語』がそれです。私も出会いの強烈な印象があったので、後に刊行されていたことを知った時には購入して読みました。

　その時も、ページをめくるたびに「ガリマールより大きい社屋」と言ったカマ・カマンダさんの顔と声が浮かんできて読書の妨《さまた》げとなりましたが、内容はアフリカで語り伝えられてきた幻想的な物語を自らアレンジした素晴らしいものでした。

　今、世界文学におけるアジアやアフリカ文学が注目を集め始めています。古典新訳文庫でも、アフリカ文学の父と呼ばれるチヌア・アチェベの『崩れゆく絆』という作品を刊行していますが、その作品に登場する幻想的な場面を彷彿《ほうふつ》とさせる内容です。一読する価値は十分にあるお勧めの本です。

　ちなみにガリマールの社屋も今はウィキペディアで見ることができますが、確かにあまり大きなものではありません。

　もちろん、ガリマールはフランスを代表する出版社です。フランス文学に興味のある方なら、名前を聞いたことがあるのではないでしょうか。その会社を立ち上げて一流の出版社に育て上げたのが、ガストン・ガリマールです。

「ちょっと長いまえがき」でも紹介しましたが、その評伝が翻訳、刊行されています。『ガストン・ガリマール――フランス出版の半世紀』がそれです。著者はジャーナリスト出身で、刊行時点では、出版社の文学部門の編集責任者を務めています。

二段組みで５００ページ以上という大著ですので、読了に少々時間がかかりますが、副題にあるようにフランス出版史についても詳細に触れられていますので、内容は充実しています。しかし研究者ではない私には、名前を聞いても分からない詩人、作家、評論家が続々と登場します。

> かれ（＊ガストン・ガリマール）は、当初から自分の事業を長い持続という立場においていた。出版業者として若い頃から、安直にすぐ得られる成功を犠牲にして、その読者はごく限られた知的エリートの域をほとんど出ないといったような原稿に執着し専念する道を選んだ。

これに続くのが、この本の「ちょっと長いまえがき」で引用した文章です。ガストン・ガリマールはすぐに猛烈なビジネスパーソンに変身するのです。

これはロシアのところで取り上げたスイチンや、同じフランスの19世紀の出版人・エッツェルと同じです。決定的に違うのはガリマールは20世紀の出版人だということです。

プルーストとの出会い

ガリマールは１８８１年に生まれましたが、その出版人としてのキャリアは20世紀のものです。とても裕福な家の出身でしたが、ビジネスとしての出版に取り組むと、それまでの恵まれたブルジョア階級の青年という行動パターンをあっという間に変えてしまいます。

ガリマールのキャリアは、国会議員の秘書を経て劇作家の秘書になることから始まりました。その頃、ベネルヴィルというところで夏の休暇を過ごしていたガリマールは、劇作家協会代表の家を訪問した際に、ある出会いに恵まれます。向こうから歩いてくる奇妙ないでたちをした魅力的な男性に会うのです。その男性を代表が紹介してくれました。

「こちらはガストン・ガリマール……こちらがマルセル・プルースト……。」

ガストンがプルーストの名を耳にしたのはこれが最初だった。だがかれはすぐさま相手の眼差しにこめられたかぎりないやさしさ、身なりに見られる無関心と無頓着さに心を惹かれた。

これこそが、あのプルーストとの出会いでした。後にガリマール書店から、20世紀文学を代表する作品『失われた時を求めて』が刊行されることになるとは、この時は二人ともまったく予想もしていなかったでしょう。

この作品は古典新訳文庫では高遠弘美さんの流麗な新訳で第6巻まで刊行されています。

評価された「優れた編集者に必須な資質」

さて、ガリマールの話に戻ります。

1908年末にフランスの一群の作家たちが、自分たちの雑誌を創刊することを決めました。その雑誌は『新フランス評論』と名付けられ、一般には頭文字を取って『NRF』と呼ばれることになります。このグループで最も重要な人物が、アンドレ・ジッドでした。

この『NRF』はたちまち大きな影響力を持つようになります。経営状態は厳しいものだったのですが、1911年にさらに出版部門を作ることを決めます。そのために理想的な経営者を探したのですが、そこで名前が挙がったのが、ガストン・ガリマールでした。資本金を出すことのできる財力を持ち、文学にも造詣の深い人物として、ガストンに白羽の矢が立ったのです。

もちろんジッドも出資しました。ガリマールが気難しい同人たちから選ばれた理由は、専門的な教養があるわけではないが、作品の質を誤りなく見抜き、理論ではなく一種の勘によって、最良のものをただちに見つけることができる資質を評価されたからでした。すでにご紹介したスイチンやエッツェルも持っていた、編集者に必須な資質です。

こうして30歳のガリマールは出版人となったのです。

一度はボツにされた『失われた時を求めて』

やがて、あのプルーストから『失われた時を求めて』の原稿を託されます。しかし、原稿審査会では、ジッドの発言とされる「どこもかしこも公爵夫人だらけだ。これはわれわれ向きではないな」ということでボツになったのです。

フランス文学の世界では有名なエピソードですが、ガリマールたちは後にこれを大きな過ちだと認めます。ジッドも同じように自らの誤りに気づいて、プルーストに次のように謝罪します。

「この本を断ったことはNRFが犯したもっとも重大な誤りとして残るでありましょうし、私の生涯におけるもっとも苦々しい後悔、悔恨の一つ（と申しますのも私はこの件につき大いに責任があることを恥じているからですが）として残ることでしょう。」

ジッドは自らの判断の誤りをプルーストにこのように率直に詫びました。

これはじつは大変なことだと思います。人間は自らの過ちをこんなにストレートに認めることは勇気が必要ですし、なかなか難しいことですから。

こうしてプルーストの作品は、ＮＲＦ出版部、すなわちガリマールによって刊行されていくのです。

英雄として死ぬより、卑怯者として生きて出版する

１９１４年、第一次世界大戦が始まりました。ガリマールは戦争に断固として反対します。動員を逃れるために狂気を装い、知り合いの医者を利用するなど、あらゆる手段を試みたの

です。英雄として死ぬよりも卑怯者《ひきょうもの》として生きた方がよいと考えてのことです。

そしてこの大戦下でも、コンラッドやヴァレリーなどの本を手掛けます。仕事で訪問したアメリカで６カ月を過ごして、一つの結論めいたものに達しました。

「私は理解した——社が存続しうるためには、販売面での基盤と組織を作り上げなければならない。さもなければ友人同士が作っている企業にすぎず、善意だけではいつも十分だとはかぎらないということを。」

こういう見解も、スイチンやエッツェルとは少々スタンスの異なる20世紀の出版人を感じさせます。このような考えは必然的に、『ＮＲＦ』の出版部門から本格的なガリマール書店の誕生につながっていきます。

１９１９年７月、株式会社ガリマール書店がスタートしました。この過程で一流の出版人として成長していくガリマールは、また新しいことに気づきます。出版の基本には広報活動があるということです。

ガリマールはその重要さを誰よりも心得て、自らを広告塔にすることを厭《いと》いませんでした。

教育が行きわたり、産業社会が高度に発達した世界では、出版も広報活動から自由ではいられないという判断でしょう。

まして21世紀の出版では、デジタルを駆使してＳＮＳなどを多用する新しい広報戦略を世界の出版社が模索するのは、ある意味当然といえます。

家政婦が見たプルースト、そしてガリマール

１９１９年12月、プルーストは『花咲く乙女たち』で、フランスで最も権威ある文学賞の一つであるゴンクール賞を受賞しました。この知らせを持ってプルースト宅を訪問したガストンたちは、家政婦のセレスト・アルバレから、本人は今は客と会える状態ではないと告げられるのですが、無理やり面会を果たします。

少し話は逸れますが、じつはこの家政婦が残したプルーストに関する回想録があります。『ムッシュー・プルースト』という題名で日本でも翻訳されています。これは素顔のプルーストを語った非常に興味深い本です。

そして、この本には、セレストがガリマールについて言及している部分があります。

> ガリマールは大銀行家ラザールの娘と結婚していたが、背がすらりとして、とても上品で、社交的で、才気に富んだ立派な人物だった。

じつは私はこういう本が大好きなのです。

ついでといってはなんですが、もう一冊ご紹介しましょう。フロイトと娘アンナの二代にわたって仕えた家政婦の回想録『フロイト家の日常生活』です。ここに描かれた人間フロイトは、とてもリアルな存在感があります。こういう半ば伝説化した人物の身近な観察者の記録は、非常に面白いものだと思います。

原稿の読み方、断り方

さて、『花咲く乙女たち』は数日で売り切れ、ガリマールは増刷のために奔走します。NRF史上初めて「ゴンクール賞」と刷った帯が掛けられました。これは今の日本とあまり変わらない光景ですね。出版界におけるライバルだったグラッセとガリマールとの違いを、評伝の著者はこう書きます。

> ガリマールは商売敵のグラッセとは反対に、ある原稿を読むと決めたときにはきちんと読み、〝嗅《か》い〟だり、走り読みをするだけでは満足しなかった。というのはかれが批判するにせよ断るにせよ、それは詳細にわたるものでなければならなかったからだ。自分の著者に対して説明の義務があったからだ。さらに、相手が社と長い付き合いの友人や寄稿者であった場合には、原稿審査会の手紙を渡すだけですますことはできなかった。それに、作者が自分にとって親しい人間であればあるほど厳しい態度をとった。

事実、ガリマールは、日頃から若い人間に原稿の断り方の大切さを説いていたといいます。同じ編集者としてカマ・カマンダさんの原稿を即座に断った人間としては、耳の痛いところです。

話は変わりますが、この後ご紹介するアメリカの編集者で、アンドレ・シフリンという人物がいます。彼の父親が作ったのが、有名なプレイヤード叢書《そうしょ》です。

１９３３年、経営的に行き詰まったプレイヤード社を、ガリマール書店は吸収します。プレイヤード叢書はガリマール書店の輝くシリーズとして定着していくのです。こうして着々とガリマール書店は力をつけていったのでした。

ガストン・ガリマールは50歳になった時も、若い頃と変わらずダンディでした。

ドイツ人検閲官も魅了された『異邦人』

やがて第二次世界大戦が始まります。ドイツに占領されたフランスの出版界で、ガリマールは老獪《ろうかい》な手法を用いて、出版を再開、続行していきます。『ＮＲＦ』誌は、理想的なファシストであるドリュ・ラ・ロシェルという作家を編集長として遇するという奇策を講じて、生き残りを図るのです。

ドイツ占領軍との交渉もやっと終わり、出版部門も再開された時、二人のドイツ将校が社屋にやってきました。その一人がゲルハルト・ヘラー。書籍検閲担当の中尉でした。

私は本書を読んだ時、この名前に既視感がありました。なぜだろうと思いながら読み進めていくと、こんな一節がありました。原稿審査会の様子です。ある作品が全員一致で採用されました。

最後には本来は検閲官でありながら、暗黙裏に審査会の一員になっていたヘラー中尉までがカミュの『異邦人』の原稿――友人のパスカル・ピアの手によってもたらされた

――に熱中してしまったのである。

なんと『異邦人』に、ドイツの検閲官が魅了されたというエピソードです。ヨーロッパの文化の奥深さを感じさせる話だと思いませんか。

そしてこの検閲官ヘラーの、聞き書きによる自伝『占領下のパリ文化人――反ナチ検閲官ヘラーの記録』が刊行されていたことを思い出したのです。やっとのことで、表紙が変色した本を書棚の奥から探し出しました。

改めて読み返してみると、この明確に反ナチと名乗る検閲官の経歴や、ナチス占領下のパリでの作家や出版人の行動が、独自の立場から描かれていて、ガリマールの評伝と併せて読むと、大変興味深い内容であることが分かりました。

ガリマールのことはこの本でももちろん言及されています。この検閲官が、フランス文学はもちろんのこと、文学の大変な理解者であることが分かります。『ＮＲＦ』がどのように存続し得たのかも赤裸々に描かれています。もちろん、ドイツ人のヘラーの目から見た歴史ではありますが。

「パリの出版人たち」と題された一章に、ガリマールへの言及があります。

> とりわけジャンヌと一族の長ガストンとは仲良くなった。（中略）精力的で聡明なこの人物は、私にとっては、出版人の完璧なモデルであったし、彼と彼の職業について話ができることは、私にはいつも大きな出来事のように思われた。彼は、占領時代を通じて、かなり難しく危険な賭《かけ》をしなければならなかった。ガリマール系の作家のうちには、対独協力者も対独抵抗者もいたし、さらにはユダヤ人さえもいた。（中略）ガストン・ガリマールはなによりも社の存続に心を砕《くだ》いていた。この目的を果たすために、彼はドリユ（＊・ラ・ロシェル）による『ＮＲＦ』誌の再刊と、数多くの対独協力作家の作品の出版を受け入れたのであった。

ドイツの検閲官として直接の関係があった人物の記録を読むと、彼はガリマールのマキャベリズム（目的のためには手段を選ばないやり方）をよく理解していたことが分かります。だからこそ、自ら事実上の原稿審査員の仲間になり、『異邦人』に感動できたのでしょう。

「フランス文学、それは私だ」

戦後になって、戦時下での振る舞いについて追及を受けたガリマールを、作家たちがかばいます。紹介されているサルトルとカミュの弁護はじつに説得力があります。このような弁護のおかげで、ガリマール社に対する批判は終焉を告げました。こうして戦後の出版活動は着実に進められたのです。

しかし大きな悲劇もありました。１９６０年1月、ガリマールの甥であるミッシェル・ガリマールは、カミュを乗せて車を運転中に交通事故を起こします。カミュは即死。ミッシェルも数日後に亡くなります。その時、誰にも涙を見せたことのないガリマールが、社長室で手で顔を覆って泣いているのが目撃されています。

やがてガリマールの老いが進み、息子のクロードに会社の経営を委譲《いじょう》していきます。回想録を書くことも拒《こば》み続けた彼は、１９７５年秋、94歳で突如息をひきとりました。

フランスの近代において、ガリマールが偉大な文芸の帝国を築いたことは、後々まで記憶されることでしょう。本書『ガストン・ガリマール』には綺羅星《きらぼし》のごとき作家たちが登場します。ラディゲ、コクトー、サン＝テグジュペリ、セリーヌ、そしてジュネまで、それこそ20世紀を代表する世界的な作家たちの名が挙がるのです。

前述したように、この評伝のサブタイトルは「フランス出版の半世紀」です。「フランス文学、それは私だ」と言ったというガリマールは、妄想狂ではなかったことが理解できる貴重な一冊です。

【Ｉ 世界の〈編集者の〉読書論――(2) フランス】のブックガイド

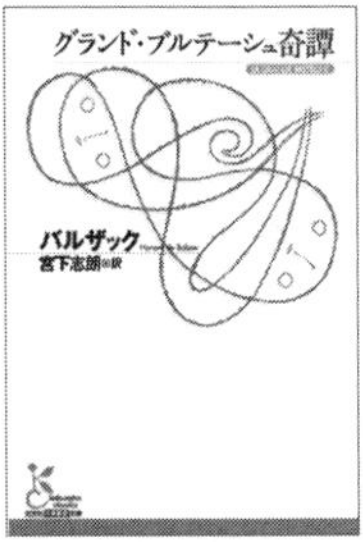

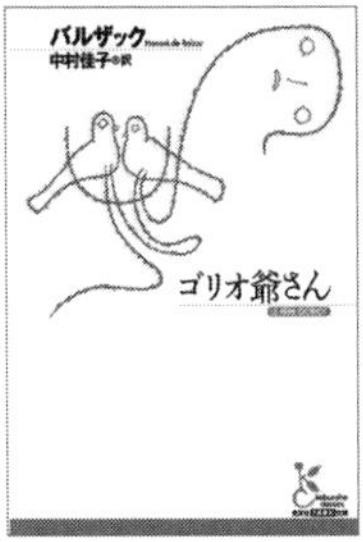

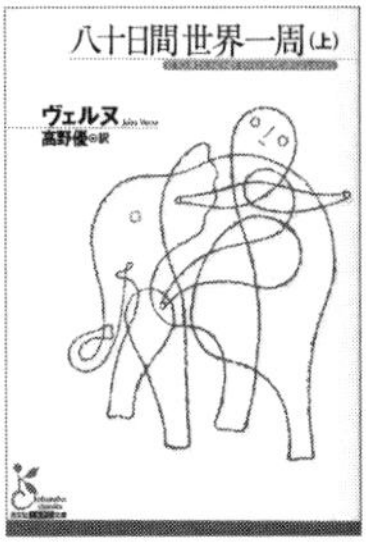

『名編集者エッツェルと巨匠たち――フランス文学秘史』私市保彦著、新曜社
『ゴリオ爺さん』バルザック著、中村佳子訳、光文社古典新訳文庫
『グランド・ブルテーシュ奇譚』バルザック著、宮下志朗訳、光文社古典新訳文庫
『八十日間世界一周（上・下）』ヴェルヌ著、高野優訳、光文社古典新訳文庫
『地底旅行』ヴェルヌ著、高野優訳、光文社古典新訳文庫
『海底二万里（上・下）』ジュール・ヴェルヌ著、村松潔訳、新潮文庫
『二十世紀のパリ』ジュール・ヴェルヌ著、榊原晃三訳、集英社
『さかしま』J・K・ユイスマンス著、澁澤龍彦訳、河出文庫
『漆黒の王子――アフリカの吟遊詩人＝グリオ 36 の物語』カマ・カマンダ著、高野優監訳、バベル・プレス
『崩れゆく絆』アチェベ著、粟飯原文子訳、光文社古典新訳文庫
『ガストン・ガリマール――フランス出版の半世紀』ピエール・アスリーヌ著、天野恒雄訳、みすず書房

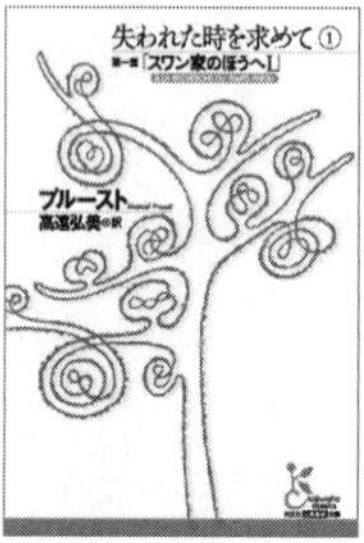

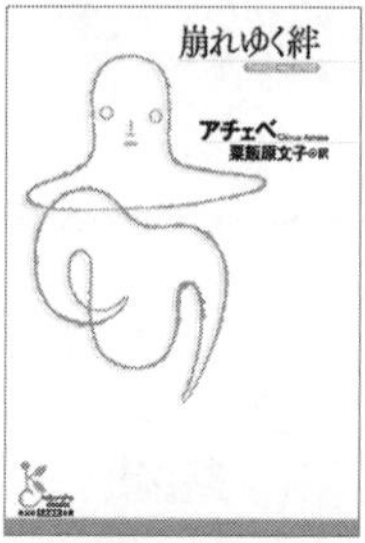

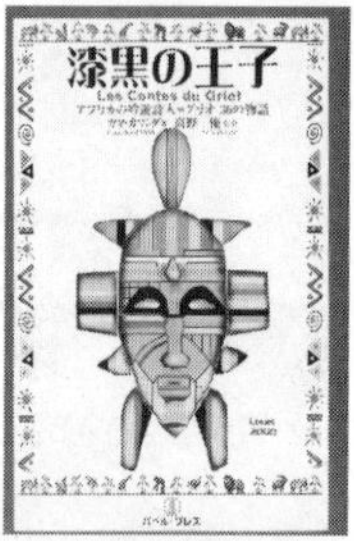

『失われた時を求めて①〜⑥』 プルースト著、高遠弘美訳、光文社古典新訳文庫
『ムッシュー・プルースト』 セレスト・アルバレ著、三輪秀彦訳、早川書房
『フロイト家の日常生活』 デトレフ・ベルテルセン著、石光泰夫・石光輝子訳、平凡社
『占領下のパリ文化人——反ナチ検閲官ヘラーの記録』 ゲルハルト・ヘラー著、大久保敏彦訳、白水社

⑶　ドイツ

『ナチス通りの出版社』――ドイツの出版人たち

それでは次に、ドイツの出版人をご紹介しましょう。

英米やフランスの出版に関する本は、前にも触れたようにそれなりの数がありますが、ロシアと同じように、ドイツの出版について書かれた本は、貴重です。それが、前節でも少しだけ触れた『ナチス通りの出版社――ドイツの出版人と作家たち１８８６－１９５０』です。

この本は、ベルリンの壁崩壊直前の１９８９年６月に刊行されています。

序文で書かれているように、タイトルからはナチスに積極的に加担した出版社を想起してしまいますが、実際は逆です。ナチスによって弾圧された出版人の記録なのです。

ドイツ第二帝国から第一次世界大戦を経てヴァイマール共和国へ、さらにナチス第三帝国と第二次世界大戦という、まさに激動期のドイツの出版界を描いているのです。

北海道大学で開かれた日本独文学会で、執筆者4人が「出版社と作家たち――二〇世紀ドイツの場合」というシンポジウムで発表した内容を、一書にまとめたものです。研究者たちが書いた本ですから、専門的な知識のない私のような読者では、初歩的な間違いを犯してしまうのではないかと恐れてもいますが、それでも本書を紹介しておきたい気持ちを抑えきれませんでした。

本書が成立した事情については、同書の「序文」から引用しましょう。

今日一つの文学作品が作者の手を離れてから読者の手にわたるまでの過程で出版、宣伝、販売などの諸活動がはたす役割の大きさは、どうかすると仲介機構が作者の創造行為をも読者の受容行為をも決定的に規定してしまっているのではないかと思われるまでに肥大化しつつある。近年、文学の歴史において出版社のはたした役割にあらためて強い関心がよせられ、さまざまな研究や資料収集がおこなわれるようになったのも、このような今日的状況と深くかかわっているはずである。というのも、いかに仲介過程が複雑化し、仲介機構のもつ役割が肥大化しようとも、文学という社会的営みにおける最も重要な仲介者は、言うまでもなく、出版社という企業体だからである。

1989年の段階で、このような21世紀的な問題意識をもって本書は書かれているのです。これは優れた先見性だと思います。

それとともに、本書を読んでいると、自分の近現代のドイツ文学の知識不足を痛感させられます。これはたぶん私だけの問題ではなく、多くの日本人に共通することだと思います。

ですから、日本でもよく知られた作家のエピソードを中心に紹介していきたいと思います。

また、ナチスの時代を含めて、日本の状況とある意味よく似ているドイツの文学事情に関する情報が、英米、フランスのそれに較べて著しく不足している理由を考えるべき時代に来ていることも痛感させられます。

フィッシャー「革命的なものを古典にする」力量

本書で取り上げられているのは、S・フィッシャー社、キーペンホイアー書店、ローヴォルト書店、マーリク社という、ドイツの代表的な4つの出版社です。

まず、S・フィッシャー社についてです。

1886年に創立されて、短期間のうちにドイツはもちろん、ヨーロッパでも有数の文芸出版社となります。

1859年、ハンガリーの小さな町で生まれたユダヤ人であるザームエル・フィッシャーは、書店の見習いなどを経て、24歳でベルリンの中心部にある出版社の共同経営者になります。それからわずか3年後に、26歳で自分の出版社を立ち上げるのですから大変な才覚の持ち主です。

しかも、最初に刊行した6冊すべてが、イプセンやゾラ、トルストイを含む新しい外国文学だったといいます。さらには売れる小説ではなく、戯曲を中心にラインナップを作っていきます。これは非常に個性的な考え方のように思えます。

本書ではトーマス・マンが、1934年に75歳で死去したフィッシャーに捧げた追悼文が紹介されていますが、そのなかでこのような革命的な取り組みについて触れています。

> フィッシャーには、古典的なものにたいする、あるいは、古典的になることにたいする感覚が、革命的なものを古典的な域に流入させるのを好む傾向が顕著に認められただけに、このコッタ（＊ゲーテやシラーの作品を刊行した古典主義を代表する出版社）との比較はいっそう当を得たものになる。彼は成長の人だった。成熟しつづけて、生涯の仕事をまと

めあげる人、立派な全集をまとめあげる人だった。彼自身も革命家として、来たるべきものを先取りする進取の企業家として出発し、彼の出版社は、亜流の支配する文学界に、国際主義的かつ社会主義的傾向をもつ自然主義によって新風を吹きこむのに貢献した。……彼の送りこんだ文学は、市民にとっては狂暴で破壊的であり、公権力と対立するものだった。

いくら弔辞《ちょうじ》といっても、さすが作家・トーマス・マンです。文学の持つ危険な要素と、権力とすら対峙《たいじ》することを厭わないという原則からフィッシャーを悼《いた》んでいるのです。

それというのも、フィッシャー社と生涯にわたる関係を持ったマンは、21歳の時に無名の作家として、フィッシャーに最初の原稿を送ったのです。月刊誌の編集長は具眼《ぐがん》の士でした。それどころか、他の原稿があればすべて送れという連絡さえもしたのです。

この時期に「フィッシャー叢書」というポケット版の洒落《しゃれ》た装幀シリーズの企画を進めていたこともあり、フィッシャーが新しい作家を探していたことも、マンには有利に働いたといいます。

マンの地位を確立した大胆な決断

しかし、トーマス・マンの最初の短編集『小男フリードマン氏』は売れ行きはさっぱりでした。そこで、あまり長くない長編をとフィッシャーが勧めて、書かれたのが『ブッデンブローク家の人びと』ですが、これが予想以上に長いものになり、執筆に３年もかかる大作となりました。

フィッシャーもこれを半分くらいに圧縮して出すことを提案します。この時のマンの答えはさすがです。「膨大な分量はこの小説の本質的特性である」からこのままで刊行してほしいと言ったのです。

いろいろありましたが、１９０１年に２巻本、１１００ページ、初版１０００部の本として世に出ます。一年でなんとか売り切ったのですが、ここからが出版人フィッシャーの面目躍如です。

たまたま同じ時期に出した他の小説が、同様の厚さにもかかわらず１巻本で売れたので、１９０３年、フィッシャーは『ブッデンブローク家の人びと』も、薄い紙を使って１巻本にまとめて売り出すのです。

なんと、下巻のページ数の１から始まる表示は、１巻本にまとめた際にもそのまま（１から始まるまま）という、乱暴かつ大胆な試みでした。しかし、これが売れたのです。企業家としての面目躍如だと思いませんか。

　権力と対峙する覚悟もありながら、ビジネスパーソンとなると、極めて大胆というより乱暴ともいえる決断を下すのです。結果として、１９０３年に１万部。１９０８年までに５万部が売れたといいます。

　これでトーマス・マンの作家的地位は確立されました。

マンの作品は、古典新訳文庫ではまず浅《あさ》井《い》晶《しょう》子《こ》さんの訳で『トニオ・クレーガー』があります。これは三島由紀夫の愛読書だったことで有名ですが、新訳で読むと、ひと際ディテールが鮮やかに浮き上がってきて、この小説の真の姿がよく分かります。

　また、岸《きし》美光《よしはる》さんの訳で『だまされた女／すげかえられた首』『詐欺師フェーリクス・クルルの告白』が刊行されています。

　マンは『魔の山』に象徴されるドイツ人らしい謹厳な作風を連想する方が多いと思いますが、『だまされた女／すげかえられた首』は、20世紀文学の主題であるエロスをテーマにした小説で、初めて原稿を読んだ時にはひどく驚いたことを覚えています。

　そしてなんといってもお勧めは『詐欺師フェーリクス・クルルの告白』です。抱腹絶倒とはこのような小説のことをいうのでしょう。フェーリクス・クルルの詐欺師人生を読んでいると、トーマス・マンという作家の像が劇的に変わっていくのを感じます。

無名のヘッセが看板作家の一人に

さて、マンが売れ始めた１９０３年、無名のヘッセに、その詩を読んだフィッシャーは手紙を送ります。当然ですが、一流出版社からの誘いに喜んでヘッセが書いたのが『ペーター・カーメンツィント』です。

フィッシャーはこの小説がたくさんの人に読まれるとは思っていなかったようですが、発売直後から5年間で5万部という、当時としては極めて好調な売れ行きとなりました。ヘッセの評価は高まり、１９０５年10月に発売された『車輪の下で』は、その年の年末までに1万5千部が売れるという好調なスタートを切りました。まさにフィッシャー社の看板作家の一人となったのです。

古典新訳文庫では、猪股和夫《いのまたかずお》さんの新訳で『ペーター・カーメンツィント』、松永美穂さんの新訳で『車輪の下で』、酒寄進一《さかよりしんいち》さんの新訳で『デーミアン』があります。青春時代に一度は読んだことのある方も多いかと思いますが、大人になってからヘッセのこれらの作品を新鮮な新訳で読むと、意外なほど理解が進むことに驚かれることでしょう。

拠点を移しながら生き延びたフィッシャー社

１９０８年頃から、第一次世界大戦とその敗北、革命の大混乱のなかで、本来文芸書が中心であったフィッシャー社は、次第に政治、経済、社会へと出版の幅を広げていきます。

この主流としてのフィッシャー社に対して、新興のクルト・ヴォルフ社が伸びてきます。表現主義文学運動の核となって活動するのです。

しかも、トーマス・マンの兄であるハインリヒ・マンの作品を全集として１９１６年に売り出すと、驚異的な売れ行きとなりました。このクルト・ヴォルフ社の宣伝戦略は、極めて大胆なものでした。

書物も商品である以上、販売の決め手は一にも広告、二にも広告であるとばかりに、同社は各種の日刊新聞に大々的な広告を出しつづけ、また街路上の広告塔にどぎつい赤色のポスターで新刊書の広告を貼り出すことも辞さなかった。

１００年も前に今日にも通じる広告宣伝戦略を試みた出版人がいたのですね。これは大変示唆的です。

もちろんというべきか、こういうやり方にはフィッシャーは批判的でした。やがてヒトラーが登場し、名実ともにドイツの独裁的支配者になった１９３４年に、フィッシャーはこの世を去ります。

しかし、その前から実質的に社業を引き継いでいた娘婿が、その後の社業を続けていくのです。１９３５年にはナチスとの話し合いで、社の半分を合法的に国外に移すことに成功します。社の拠点をウィーン、ストックホルム、ニューヨークと転々と移しながらも、マン、フロイトなどの主要な作家の著作を継続して刊行したのです。

その後、ナチの敗北、東西ドイツへの分割、ベルリンの壁の出現など、激しい歴史に翻弄《ほんろう》されながらも、激動の１００年を生き抜いて、現在もドイツ文化を代表する出版社の地位を維持し続けていることは、称賛に値するでしょう。

出版人とは「世界全体の知性の代弁者」

次はキーペンホイアー書店についてです。

キーペンホイアー書店も興味深い出版社です。『西洋の没落』を書いたシュペングラーと高校の同級生であったというキーペンホイアーの、出版人の定義は、非常に理想主義的です。

> 出版人はその時代とその時代の潮流の認識者であるとともに、それを越えて人類の未来を信ずる理想家でもあるからだと、彼（＊キーペンホイアー）は説いている。（中略）出版人はその時代の顔を具現しており、自分の国の、そして世界全体の知的な人たちの代弁者、それが出版人である、それゆえに、自分は現代の個性的な相貌《そうぼう》を読者に認識してもらうように努めているとも述べている。

ここまで理想主義的な見解を述べているのは稀だと思う反面、自らを省みて忸怩《じくじ》たる思いがあるのも確かです。１９２２年には劇作家ブレヒトを出版し始め、１９３３年にナチス政権が誕生するまでに彼のすべての作品を刊行しています。

私自身もブレヒトは大好きな劇作家です。古典新訳文庫では、谷川道子さんの新訳で、有名な『三文オペラ』をはじめ『アンティゴネ』『母アンナの子連れ従軍記』、そして丘沢静也《おかざわしずや》さんが新訳した短編集の『暦物語』があります。

日本では戯曲は売れないというのが、出版界の共通認識になってしまった感がありますが、経験上そんなことはないと思います。こんなに面白い戯曲なのかと原稿を読みながら何度思ったことでしょう。

今の若い世代にもぜひ、ブレヒトを手に取ってもらいたいと思います。最初に読むのには個人的には『母アンナの子連れ従軍記』がお勧めです。

社主キーペンホイアー自身はアーリア人ですが、編集および経営陣にユダヤ人を重用していたために、世間ではユダヤ人だと思われていたので、事実を知った秘密警察のゲシュタポも驚いたということです。

商売人と化した編集者への警句

さて、三つ目の出版社はローヴォルト書店です。

カフカの最初の散文集である『観察』は、１９１２年にここから出版されました。これはカフカ自身がローヴォルト個人の特異な個性に惹かれたこともあり、自分の最初の小説の出版をローヴォルトに決めていたからです。

実際にはこれ以後、いろいろと難しい問題が起きて、カフカは別の出版社から本を出すようになりました。

このようなローヴォルトが、ある雑誌に書いた「作家たちと付き合うための指針」というユーモアある文章が紹介されています。

「お前が、この商売とは言えぬ商売を二〇年やったときには、自分を導くものが、芸術的本能なのか、それとも商売人の本能なのか、もうお前自身にも区別がつかないだろう。お前は既にどっちつかずの両棲《りょうせい》動物になっているのだ」

これは出版人というか編集に携わる人間が、経済的な要因で堕落してしまうことに対する、ユーモアたっぷりではあるけれどある意味、とても厳しい警告だと思います。これが分からなくなると、そして実際に分からなくなる人間も見てきましたが、もう編集者とはいえないのではないでしょうか。

ドイツはイギリスなどに遅れて工業化が進み、20世紀に大きな経済的発展を遂げますが、そのこともあって、ローヴォルト自身、こういう警句を発したくなるような事例をたくさん見てきたのでしょう。

戦時下に原点に立ち戻った出版人の記録

最後にムージルのエピソードを紹介して、ローヴォルトがどのように理想主義を貫いたかを見てみましょう。

ムージルといえば、20世紀ドイツ文学を代表する作家の一人で、未完の大作『特性のない男』がすぐに頭に浮かびます。

ムージルは１９０６年に『生徒テルレスの惑乱』でデビューを飾りました。これは古典新訳文庫では『寄宿生テルレスの混乱』というタイトルで、丘沢静也さんの新訳で読むことができます。非常に優れた翻訳ですので、ぜひ一読をお勧めします。

そのムージルが１９２３年にローヴォルト書店と契約を結んだ時の作品こそ、『特性のない男』でした。

当初はムージル自身は2巻本として考えていたので、ローヴォルトも2年もすれば第１巻は完成するだろうと考えて、月々の定額の支払いをして生活を支えました。

しかし、２年半にわたって送金したものの、ローヴォルトが受け取ったのは、たった１００ページの原稿だったといいます。同じ編集者として、その落胆ぶりは想像がつきます。当然ローヴォルトは支払いを中止しました。

ムージルは人を寄こして懇願し、仕送りは再開されます。二人はやり取りを重ねます。才能を信じるローヴォルトの忍耐はいかばかりかと思いますが、それでも怒りは噴出します。一方ムージルは、何度も稿を改め、果てしなく長編の書き直しを続けるのです。

その後、インタヴューを受けたローヴォルトの発言が本書『ナチス通りの出版社』に引かれています。「私は彼の言いなりになっていたと言いたいくらいです」と言及した後で、金銭的援助をするから、きちんと原稿を書くという契約がいかに反故《ほご》にされたかを述べています。ムージルの言い訳はなんともすごいものです。

「『ローヴォルトさん、もしあなたがお金を下さらないなら、私はもう生き続けることができません。それなら、私には他の手段は何も残されていません。私はピストルで自殺せざるをえません！』私（＊ローヴォルト）は、彼なら実際そうするだろうと信じました。そこで繰返し彼を助けたのです」

これではもう立派な脅迫ですね。

しかし、第1巻が完成したのは、契約後7年経った１９３０年。１９２９年に始まった世界大恐慌のあおりを受けて、ローヴォルト書店も経営危機に陥ります。乗り込んできた管財人が、当然ですが『特性のない男』を問題にしました。管財人に原稿審査主任が、自分もローヴォルトもこの本の物質的成功などまったくあり得ないと考えていると言います。

しかし「見込みのないのは当面、物質的成功だけであって、この本の文学的価値については疑問の余地がない」と管財人に言うのですから、立派なものです。この抵抗に、管財人も妥協を余儀なくされ、ムージルへの財政的援助は続くことになったというのです。

こういう出版人はもちろん日本にもいるでしょうが、普通はこのような決断を下すのはなかなか大変だと思います。困難な状況下で、第2巻は１９３３年末に未完のまま刊行され、ムージルは１９４２年に、膨大な遺稿を残して亡命先のジュネーブで亡くなります。

しかし、『特性のない男』は、20世紀のドイツ文学における非常に重要な作品として評価されていることは、ローヴォルトたちの功績と呼んでもいいと思います。このエピソードこそ、本書で一番気に入っているものの一つです。

本書『ナチス通りの出版社』が１９８９年に刊行されたことは前に触れました。まだ東西ドイツは存在していて、ベルリンの壁もあった時代です。序文の最後の言葉を引用してこの項を終わりたいと思います。

ナチスの迫害によっていっさいの虚飾を剝《は》ぎ取られ、出版人としての原点に立ち戻ることをよぎなくされた人びとの生きざまを見直しておくことは、出版人をはじめ仲介機構にたずさわる人びとにとってばかりでなく、芸術作品の創造者や思想の発信者にとっても、そして、芸術作品の享受者、思想の受信者にとっても、決して無意味ではないと信ずるものである。

【I 世界の〈編集者の〉読書論――(3) ドイツ】のブックガイド

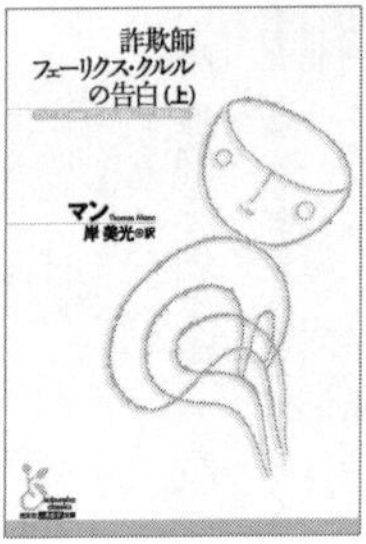

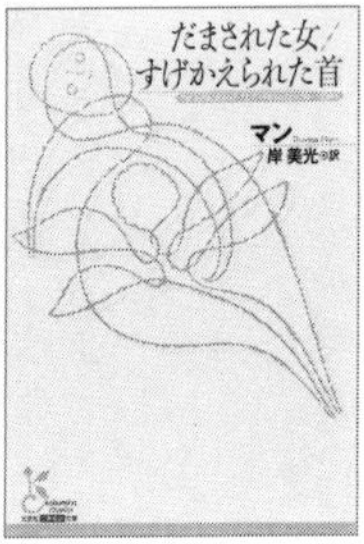

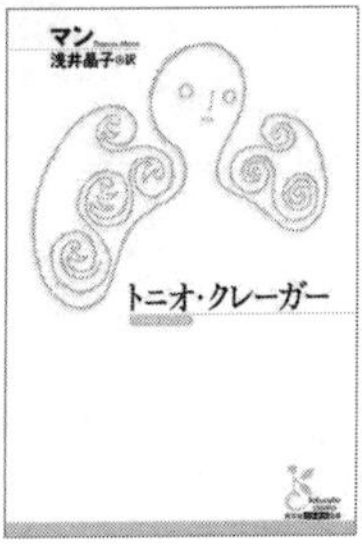

『ナチス通りの出版社――ドイツの出版人と作家たち 1886-1950』山口知三・平田達治・鎌田道生・長橋芙美子著、人文書院
『ブッデンブローク家の人びと（上・中・下）』トーマス・マン著、望月市恵訳、岩波文庫
『トニオ・クレーガー』マン著、浅井晶子訳、光文社古典新訳文庫
『だまされた女／すげかえられた首』マン著、岸美光訳、光文社古典新訳文庫
『詐欺師フェーリクス・クルルの告白（上・下）』マン著、岸美光訳、光文社古典新訳文庫
『ペーター・カーメンツィント』ヘッセ著、猪股和夫訳、光文社古典新訳文庫
『車輪の下で』ヘッセ著、松永美穂訳、光文社古典新訳文庫
『デーミアン』ヘッセ著、酒寄進一訳、光文社古典新訳文庫
『三文オペラ』ブレヒト著、谷川道子訳、光文社古典新訳文庫

『アンティゴネ』 ブレヒト著、谷川道子訳、光文社古典新訳文庫
『母アンナの子連れ従軍記』 ブレヒト著、谷川道子訳、光文社古典新訳文庫
『暦物語』 ブレヒト著、丘沢静也訳、光文社古典新訳文庫
『特性のない男Ⅰ～Ⅵ』（ムージル著作集 第１巻～第６巻）ローベルト・ムージル著、加藤二郎訳、松籟社
『寄宿生テルレスの混乱』 ムージル著、丘沢静也訳、光文社古典新訳文庫

(4) アメリカ・イギリス

イギリスのパーティでの思い出

出版における最大のマーケットは英語圏ですが、その英語圏であるイギリスとアメリカの「出版社回り」は、翻訳に携わる編集者であれば必ずすべき仕事であることはすでに書きました。ブックフェアに参加するだけでなく、出版社や版権エージェントのオフィスを訪問して、これから刊行される本の説明を聞くのです。

印象に残っているのが、出版社で開かれるパーティです。日本の出版界のパーティはホテルなどで開催されることが多いのですが、欧米では、自社の広い部屋を開放して、ケータリングサービスを利用したシンプルな形式が主流でした。とてもアットホームな雰囲気が印象に残っています。

そのなかでも忘れがたいのが、あるイギリスの出版社のパーティです。

会場はロンドンの中心からかなり離れた場所にありました。土地勘のまったくない場所に行くのですから、タクシーに乗って行くしかありません。予想よりもずいぶん離れた場所にそのビルはありました。住宅街のなかにあるビルという印象でしたが、もう日が暮れていたのでそれ以上のことは分かりません。

会場は日本の出版社の大きめの会議室くらいの広さでしたが、立錐《りっすい》の余地もないほどの混み具合です。東欧圏から来た編集者と初めて言葉を交わして、どんな作家が読まれているかを聞いたりしているうちに、一人の女性に紹介されました。

その女性はロシア人でした。編集者か、版権エージェントだったかは忘れてしまいましたが、彼女が「私がロシアでハルキ・ムラカミを紹介したの」と誇らしげに語る様子は今でも目に浮かびます。彼女のハルキ熱は凄まじいもので、私の顔に盛大に唾《つば》を飛ばしながらしゃべり続けるのです。

村上春樹さんがロシアでたくさんの読者を持っていることに驚きましたが、後でロシア文学者に聞いてみると、私たちの想像以上に人気があるようです。

村上さんの作品では、『１Ｑ８４』にチェーホフの「サハリン島」も登場するので、ロシア人の一方的な思い入れではなく、ロシア文学が村上さんの琴線《きんせん》に触れる部分があるのでしょう。

しまいには私が疲れてしまうほど、そのロシア女性のハルキ礼讃はとどまることを知りませんでした。そしてほとほと閉口したのは、彼女の口から私の顔に遠慮会釈なく飛んでくる飛沫でしたが、その熱い語りを聞かないわけにはいきませんでした。今となっては楽しい思い出です。

アメリカのパーティでは社長室に

アメリカの出版社のパーティで印象に残っているのは、ニューヨークのある出版社で開催されたパーティです。世界中から来た編集者たちがビールやワインを飲みながら歓談するのですが、そこで私はその会社の編集者である女性といろいろ話をしていました。

アメリカの出版社の内部ってどんな感じか興味があると私が話すと、彼女はいとも簡単に言いました。「ついていらっしゃい。私が案内してあげるわ」

本当かなと思うまもなく、彼女は私の前を歩き始めていました。パーティ会場を出ると、会議室や編集室などを何のためらいもなく案内してくれるのです。こちらが驚いているのが逆に不思議そうでした。最後にはなんと社長室に入っていきました。

「ここが社長の部屋よ。置いてある物には触らないでね」そう言って彼女は肩をすくめました。さすがに立派な部屋でしたが、社長室に他国の編集者を案内してしまうアメリカ流の出版社の開けた在り方に、ある種の羨望の念すら覚えました。

出版文化の違いはよく承知しているつもりでしたが、それでもこのフランクな感じは忘れがたいものでした。社長室の様子は今でも鮮明に思い出すことができます。

まずはジッドの話から——スキャンダラスなほどに誠実な作家

さて、ちょっと唐突ですが、アンドレ・ジッドの話から始めます。

最近、ジッドはあまり人気がない印象がありますが、彼が20世紀のフランス文学を代表する作家の一人であることは間違いありません。先日、紀伊國屋書店のオンラインイベントで、ジッドの『法王庁の抜け穴』を新訳した三ツ堀広一郎さんと対談した際にも、そんな話になりました。

『狭き門』や『田園交響楽』のような作品は、ひと時代前の青春文学のイメージが強いのかもしれませんが、アンドレ・ジッドはそんなに簡単な作家ではないと思います。

バルザックやゾラの19世紀文学から、20世紀文学へと歩みを進めた作品を知る上で、『法王庁の抜け穴』はお勧めの一冊です。また、古典新訳文庫で『狭き門』を新訳した中条《ちゅうじょう》省平《しょうへい》さんが書いた解説とあとがきもお読みいただきたいと思います。

ジッドはスキャンダラスなくらい自己に誠実な作家だったと思います。ここでいう誠実さとは、作家はたとえそれがどんなに反社会的であっても、常に真実を語る危険な存在であるべきであるという意味においてです。

> あなた方は私が書いた次の一節に憤慨しているが、ここ最近のモスクワ裁判やノボシビルスク裁判を見ても、私はこう書いたことを一向に後悔する気にはならない。「今日、ほかのどんな国でも——ヒトラーのドイツでさえ——このソ連以上に精神が自由でなく、ねじ曲げられ、恐怖に怯《おび》え、隷属させられているのではないかと私は思う」

１９３７年に書かれた「ソヴィエト旅行記修正」で、ジッドはこう書いています。すでに20世紀の歴史になってしまったとはいえ、この時代はまだソ連に対する幻想を世界中の知識人たちが持っていました。それをヒトラーのドイツと比較して、それ以下だとする言説が、どれほどの憤激をもたらしたかは容易に想像がつくでしょう。

実際にはスターリンの大粛清が始まり、強制収容所がソ連のあちこちに作られて、凄惨《せいさん》な事態が起きていた時代ではありませんでしたが、まだまだ知の宗教とでもいうべきスターリニズムが世界中で跳梁跋扈《ちょうりょうばっこ》していた時代です。

それに対して、これほど激烈な批判をしたことは、ジッドがいかに本来の意味で誠実な作家的勇気を持っていたかという証左でもあります。これは男性の同性愛について書かれた『コリドン』という書物でも同じです。

親子2代の編集者の物語

アメリカとイギリスの編集者の話が、いきなりジッドで始まったことに面食らった方も多いかもしれませんが、これには理由があります。

前にガリマール書店をご紹介した文章のなかで、アンドレ・シフリンというアメリカの編集者を紹介すると予告したのをご記憶でしょうか。そして彼の父親こそ、かのプレイヤード叢書を創刊した有能な編集者であることにも触れました。叢書はやがてガリマール書店に吸収されましたが、今日まで続く有名な古典叢書となります。

アンドレ・シフリンの父親のジャック・シフリンは、ジッドとの間で交わされた膨大な書簡を含めて、友人としても編集者としても、ジッドと多岐にわたる関係がありました。もちろん、この親子2代の編集者の物語は、いわゆる世襲によるものなどではありません。20世紀、そして21世紀の出版を考える上で非常に重要なエピソードに彩られた存在なのです。

息子が書いた書物『出版と政治の戦後史――アンドレ・シフリン自伝』によれば、ジッドの『ソヴィエト旅行記』の旅に、父親のジャック・シフリンは同行しているのです。

父ジャック・シフリンは、1892年に現在のアゼルバイジャン共和国の首都バクーの裕福な家庭に生まれたユダヤ人でした。もちろん、ロシア語はできますし、フランス語にも堪能でした。

古典新訳文庫の『ソヴィエト旅行記』の訳者あとがきでも、息子が書いたこの自伝について、訳者の國分《こくぶ》俊宏《としひろ》さんが言及しています。前述の「ソヴィエト旅行記修正」を含む『ソヴィエト旅行記』自体もとても読みやすい新訳ですので、ぜひこの機会にお読みいただきたいと思います。

アンドレ・シフリンの自伝は、一人の社会民主主義者の記録として、あるいは、出版人の記録としても、非常に重要なものだと思います。後で触れますが、アンドレ・シフリンにはもう一冊『理想なき出版』という著作があります。

ジッドは『ソヴィエト紀行』でなぜ真実を書き得たのか？

しかし、ここでは自伝の紹介を優先しましょう。というのも、先ほどの『ソヴィエト旅行記』の件を含めて、父親のジャック・シフリンとジッドとの関係について——たとえば、プレイヤード叢書をガリマールから刊行することをガストン・ガリマールに了解させるのにジッドは2年もかけていますし、またナチスに席巻されたフランスから、同じくジッドに助けられての一家のアメリカへの亡命、さらにそこでの父の出版活動など、大変興味深いエピソードが満載だからです。

私は以下の一節を読んだ時にほとんど驚愕《きょうがく》しました。なぜ、ジッドがソヴィエト連邦に対して正確な像を持ち得たのか。もちろん、作家の本能が一番でしょう。しかし父親のジャック・シフリンの存在もとても大きかったことが分かります。少し長いのですが全体を引用しましょう。

> ジッドはまた、彼の有名な一九三六年の『ソヴィエト紀行』に父が同行するよう、熱心に誘っている。ソヴィエトは、もっともなことだが、父のような国外移住者——ジッ

ドのために通訳を務め、彼の地で何が生起しているか十分理解できるよう手助けできる人――の入国を渋った。手紙のやり取りから分かるが、ジッドは時間がかかったものの、最終的にソヴィエト側を説得することに成功し、父の同行が認められることとなった。しかしいざ到着するや、ジッドは彼を崇拝する熱烈な群衆に取り囲まれ、マキシム・ゴーリキーの葬儀では貴賓席に通され、さまざまな国家行事においてスターリンの隣席に座らされたほどだった。果てしなく続く豪勢な祝宴でもてなされたが、普通のロシア人はほとんど日々のパンを買う余裕すらない状態だった。その間ずっと父は、人々が口にしていること――それはしばしば党の公式路線とははっきり矛盾したものだった――を通訳することができたのだった。

ジッドの『ソヴィエト旅行記』には父ジャック・シフリンの大きな助けがあったことがよく分かります。多くの作家、知識人がソヴィエト礼讃の訪問記を書くなかで、ジッドが真実を書くことができたのは、編集者であった父ジャック・シフリンのおかげでもあったことは銘記すべきことだと思います。

亡命先のアメリカで

そしてまた、アメリカにはナチに追われてヨーロッパからやってきた出版人もたくさんいたことが分かります。

ドイツの節でご紹介した『ナチス通りの出版社』のなかで、フィッシャー社について触れました。この会社に果敢に挑戦したのが、トーマス・マンの兄であるハインリヒ・マンの全集を出してヒットさせた、新興のクルト・ヴォルフ社でした。そのあまりに大胆不敵な宣伝戦略についても紹介しましたが、なんと、そのクルト・ヴォルフも、アメリカに亡命してニューヨークでパンセオン・ブックスという出版社を始めていたのです。

食べていくのに必死だった父ジャック・シフリンは、このパンセオン・ブックスに就職することで、やっとひと息つくことができました。そして亡命してきた知識人たち、たとえばハンナ・アーレントなどと親しく付き合っていたのです。

しかしながら、息子のアンドレ・シフリンは、だんだん自分をアメリカ人だと感じるようになります。アメリカに来て7年経った13歳の時には、１９４８年の大統領選にもコミットします。もともと体の丈夫ではなかった父は、健康状態が極度に悪化していきますが、息子にフランスを再発見させ、現在のフランスを確認する先兵とするために、２カ月の旅に出します。

しかし息子のアンドレ・シフリンは、パリに着いてもアメリカ人の目で観察している自分に気づきます。そして晩年を迎えていた縁浅からぬジッドを訪ねていくのですが、そのくだりは印象的です。

本書『出版と政治の戦後史』には、その後アメリカに戻ったアンドレ・シフリンが、父の死後、極貧のなかでイェール大学に進学し、やがて奨学金を得てケンブリッジに留学して、アメリカのマッカーシーによる赤狩りなど、戦後の政治的激動を体験しながら編集者の道を歩き始める過程が描かれています。

彼はソヴィエト旅行に同行した父から話を聞いていたため、共産主義にはコミットしませんでしたが、社会民主主義者として行動します。そして1961年に父が勤めたパンセオン・ブックスがランダムハウスに吸収合併された後、1962年のはじめ、26歳の時に、偶然の事情から同社に勤めることになります。

しかし、70年代以降のメディア・コングロマリットと化したアメリカの出版界に対しては違和を表明するのです。

アメリカ出版界の激変

私自身もブックフェアに行くたびに、かつては独立系であった出版社が、現在は大きなグループに属していることを知って驚いた記憶があります。日本ではこのようなドラスティックな出版社の買収などはほとんどないといってもいいのですが、アメリカの出版界ではそれが日常化しており、それをアンドレ・シフリンは批判します。利益のためだけに本を作るのではないということを繰り返し主張するのです。

たとえばランダムハウスという有名な大手出版社が、なんとエレクトロニクスの巨大企業のＲＣＡに身売りしてしまうということが起きるのです。

> 『ランダム・ハウス物語』（早川書房、一九八九）（At Random, 1977）のなかで、サーフ（＊この会社の創業者）は、そうすることで自分の好きな本を出し続けられると思っていたと語っている。企業による所有ということに対してうぶで、甘い見通ししかなかったことが分かるが、それが当時の出版人の間での、ごく普通の受け止め方だった。
>
> ＲＣＡが支配権を握ったとき、彼らがもちこんだものは、がちがちの企業経営方針だった。毎四半期ごとに利益が増大し、年々成長することが期待された。

やがてＲＣＡにも見放されたランダムハウスは、Ｓ・Ｉ・ニューハウスという人物と、そのメディア・コングロマリットであるコンデナストに買収されます。居場所をなくしたシフリンが、最後は自分の出版社「ニュープレス」を設立するまでの過程も本書には書かれています。

『理想なき出版』の主張

そして自伝に先立って書かれた『理想なき出版』という本は、こうした問題について批判的検討を加えた本なのです。２０００年に刊行され、日本で翻訳が出たのが２００２年のことでした。

じつは私の著書『いま、息をしている言葉で。』にも、この本に触れた部分があります。『理想なき出版』が刊行された後に、著者のアンドレ・シフリン自身が来日して、シンポジウムが開かれたのです。たくさんの出版関係者が集まった会場は熱気に包まれていたことをよく覚えています。

アンドレ・シフリンの発言は、今まで書いてきたことでも分かるように、大変理想主義的でしたが、日本人の登壇者のなかで私が忘れられないコメントをした人物がいました。アンドレ・シフリンの言うような、まさに良書のみを刊行し続けている、文字通り良心的な出版社の幹部だったと記憶しています。

彼が開口一番、こんなことを言ったのでひどく驚いたのです。もう20年も前のことですが、確かにこう言ったのです。「私は良書という言葉が大嫌いなのです」。

それはアンドレ・シフリンの理想主義的な発言に対する反発のようにも聞こえましたが、私にはあまりにも意外なコメントでしたので、今日まで記憶しているのでしょう。

しかしながら、確かにアメリカにおけるメディア・コングロマリットの力は、私たちの想像以上のものであることが、『理想なき出版』を読むと分かります。この本が出た段階で、アメリカの書籍の総売り上げの８割が、５大メディア・コングロマリットに支配され、１９９９年には上位出版社20社が、売上高の93パーセントを占めていたといいます。

ヨーロッパでもアメリカでも、出版は知性と政治に深い関わりをもつ職業として、長い歴史を刻んできた。出版に携わる人々は、一方には利益を生ずる使命と、もう一方には価値ある本を出版する信念を巧みに天秤にかけながら、両者のバランスをとる仕事に

> 常に誇りを抱いてきた。だがここ数年で出版社の所有形態が変わり、この天秤も大きく傾くことになった。

これを読めば分かるように、これまでに紹介してきたロシアのスイチンやフランスのエッツェルやガストン・ガリマール、そしてドイツの出版人たちと本質的には変わらぬ主張です。理想主義的ではあるけれど、アンドレ・シフリンも一人のビジネスパーソンとしての自覚はもちろん持っているのです。

少数派になった家族経営の小さな出版社

ただ、アメリカにおける出版事情の急変ぶりが、彼をして「出版とは何か」ということをテーマに筆をとらせたことは間違いありません。確かに本書で描かれたアメリカの出版界の激変ぶりには、正直驚きを禁じ得ません。

> ごく最近まで、出版社のほとんどは、小さな家族経営の組織だった。そのときはまだ知的・文化的に社会に貢献すると信じられていた出版を通じて、ささやかな収益で満足す

る商売を営んできたのである。

この文章を読み返していると、イタリアのボローニャで児童書のブックフェアに参加した時のことを思い出します。

60代と思《おぼ》しき男性が私に美しい絵本の説明をしている横に、若い女性が同席していました。それはイギリスの出版社のブースだったのですが、その男性はにこりと笑うと、その女性はわが娘なのだと言うのです。

「我が社は家族でやっているのだよ。もう一人娘がいるから紹介しよう」。そう言って、ブースの奥に声をかけて、もう一人の娘さんを紹介してくれました。まさに家族経営なのだと思いましたが、イギリスにはまだそういう出版社が残っているんだなと、『理想なき出版』を読んだ後のことでしたので、うれしく思ったのをよく覚えています。

しかし、そういう出版社は当然ながら少数派となり、アメリカのみならずイギリス、そしてフランスでも、巨大資本が出版の世界を席巻していくということが20世紀の後半に起きたことだとシフリンは指摘します。

書籍にしか求めることができない役割

こういう状況のなかでも、シフリンはフランスに出かけて、紹介すべき書き手を見つける努力を続けます。ミッシェル・フーコーの『狂気の歴史』を刊行し、マルグリット・デュラスの『愛人』は、アメリカでは大ベストセラーになったといいます。

しかし新自由主義的な流れがさらに強力に出版社を締め付けるエピソードが数多く語られた後で、シフリンを含めた社員全員が、パンセオンを集団辞職する事態になってしまいます。１９９０年のことです。

財団や大学関係者によるさまざまな援助があり、前述したようにシフリンは新しい出版社「ニュープレス」を立ち上げることになりますが、本書の最後に書かれた文章こそ、父と子２代が引き継いだ編集の理想をよく語っていると思います。

> 出版の仕事に起こった変化は、その他のリベラルな職業にもみられる変化とさして変わるものではない。しかし出版の変化には、それらとは比較にならない決定的な意味がある。問題を徹底して論じ、考察する手段は、書籍にしか求めることができないのだ。
> 従来、書籍というものは、著者と編集者という二人の人間が主張すべき大切な意見があ

ることに合意し、比較的少ない資金でそれを大衆に伝え広める手段だったのである。書籍はほかのメディアとは、はっきり異なる性格を持つ。

アメリカの有能で個性的な編集者たち

この本を読んだ後で、先の引用中に出てきた『ランダム・ハウス物語――出版人ベネット・サーフ自伝』を読むと感慨深いものがあります。
ベネット・サーフは「編集者」の章でこんなことを書いています。

私の考えでは、優秀な編集者は、優秀な作家と同じように、必要な天賦《てんぷ》の才能――たとえばすぐれた記憶力とか想像力――に恵まれた人である。しかし編集者はまた、後天的なものとして、範囲の広い趣味とか、実際に役にたつ言葉の知識とか、あるいは豊富な一般情報――これは豊富であればあるほどよろしい――を身につけていて、作家がなにを書こうとしているかを理解するだけではなく、さらに進んでこれに協力できる力を持たなければならない。

さすがにランダムハウスを率いた名編集者ですから、これはしごく真っ当な編集者論であることは間違いありません。

もう一冊ご紹介しましょう。翻訳家の常盤《ときわ》新平《しんぺい》さんが書いた『アメリカの編集者たち』がそれです。この本にもたくさんの個性的な編集者が登場します。

これまで紹介した本は、基本的には書籍編集者の自伝や評伝だったのですが、この本では雑誌編集者にまでフィールドを広げています。

もちろん、先に紹介したランダムハウスのベネット・サーフも登場しますが、『エスクァイア』誌の創刊編集者、『リーダーズ・ダイジェスト』誌の創刊者、『コスモポリタン』誌編集長、『ＰＬＡＹＢＯＹ』誌の創刊者などなど、雑誌畑の編集者がたくさん登場する、とても面白い読み物になっています。

イギリスの型破りな編集者、トム・マシュラー

それでは次は、イギリスの編集者に関する本を紹介しましょう。『パブリッシャー——出版に恋をした男』です。

出版に恋だ？　題名を読んだだけで腰が引けた方もいるかもしれません。しかし筆者のト

ム・マシュラーという人物は、イギリスの有名な文学賞であるブッカー賞の創設者ですし、出版を手掛けた作家のうち11人がノーベル文学賞を受賞しています。

ちょっと型破りな人物であることは、冒頭の「はじめに――『移動祝祭日』」を読むとすぐ理解できます。

トム・マシュラーがジョナサン・ケイプ社という出版社で働き始めてすぐに、ヘミングウェイが自殺しました。その1カ月ほど後に、ヘミングウェイの最後の夫人であったマリーが来社します。

彼女に気に入られたマシュラーは、アイダホの家に行ってヘミングウェイが自殺した時に書いていた原稿の整理を手伝ってほしいと頼まれます。実際に原稿を検討する作業は二人の判断に委《ゆだ》ねられていたことになります。

マリーは自宅でウイスキーを毎晩ボトル1本開けていました。悲しみを癒すために必ず酔っぱらっていたのです。そのマリーについて、マシュラーはこんなことを書いています。

> 確信はないが、彼女はわたしとベッドに入りたかったのだろう。欲望を感じてというより、自暴自棄になっているせいだと理解していたが。

私は最初にこの本を読んだ時には、ここで読むのをやめようかとさえ思いました。こんなことを書くのは、自惚《うぬぼ》れの強い自己顕示欲の塊《かたまり》のような人物だと思ったからです。しかし我慢して読んでいくと、この個性が編集者としての彼の生き方につながっていることに徐々に気づいたのです。

ウィーンから亡命しイギリスへ

マシュラーは１９３３年にベルリンで生まれました。父親は書籍の巡回販売員でしたが、ウィーンに移り住んですぐに、ヒトラーがオーストリアに侵攻します。そして彼の父親を逮捕するために二人の将校がやってきます。幸運なことに父親は不在でした。

父親の犯した三つの罪は、ユダヤ人であること、社会主義者であること、出版に携わっていることでした。一家はなんとかイギリスに亡命します。

それからの人生も波乱に満ちていますが、やはり父親の影響なのでしょう。マシュラーは小さな出版社で働き始め、やがてペンギンブックスへ、１９６０年にはジョナサン・ケイプ社に移り、32歳で常務取締役になり、３年後には社長になりました。

この本の面白さは、トム・マシュラーという編集者がどう作家と付き合っていたかにあります。錚々たる作家たちと、この自惚れの強いマシュラーとのエピソードは、とても興味深いものです。こんなことを書いて大丈夫なのかと心配になるほどあけすけに、作家との交際を書いているのです。

錚々たる作家たちとの赤裸々なエピソード

イアン・マキューアンは、日本でも大変人気のある作家です。１９９８年に刊行された『アムステルダム』でブッカー賞を受賞しましたが、最も成功したのは『贖罪』であったといいます。

マシュラーは、イアンと、後に離婚したイアンの妻を自宅に招いた時のエピソードを紹介しています。マキューアン夫妻は夕食の時間が過ぎても現れません。イアンだけが予定より1時間以上遅れて到着しました。来る途中、夫婦喧嘩になって、車が信号待ちの時に妻はいきなり飛び降りていったことを明かしました。

結局、二人は離婚するわけですが、その後イアンは別の女性と結婚して幸福に暮らしていると書いています。作家でも妻と喧嘩くらいはするでしょうし、こんなことを書いて怒らないのだろうかと心配にもなります。

『スローターハウス5』で日本でも評価の高いカート・ヴォネガットが、離婚した後に夢中になった女性の写真家のこともリアルに描いてあります。魅力的だが猛烈に気の強い、というより「厚かましい」と言った方が正確だとさえマシュラーは書いています。

ある日、彼女がヴォネガットと一緒にオフィスにやってきます。そして、ある作家の写真を撮りたいので、電話番号を教えてほしいと言うのですが、マシュラーは、その作家が写真を撮られることを嫌っており、誰にも電話番号を教えないでくれと頼まれていることを告げます。

すると彼女は突然部屋を出ていきます。そして階下の販売促進部へ行くと、マシュラーに頼まれたのだが、その作家の電話番号を教えてほしいと言って、見事に電話番号を手に入れるのです。とはいえ、結局、撮影は実現しませんでしたが。

マシュラー自身が、ヴォネガットは想像力豊かで、鷹揚《おうよう》で、魅力的な男だと評する作家ですが、その妻のこういう破天荒ぶりを赤裸々に書いてしまうのは、なかなかすごいことだと思います。

ジョン・レノンから持ち掛けられた企画

さらにはジョン・レノンの項では、ジョンの『絵本ジョン・レノンセンス』を刊行した経緯が書かれています。この本は大変な売れ行きを記録しました。続けて出した『らりるれレノン――ジョン・レノン・ナンセンス作品集』も同じくらい売れたのですが、その後ジョンから、本を書いた友人がいるので紹介したいという申し出があります。

その本の出版をマシュラーは断りました。著者の名はヨーコ・オノ。ジョンがヨーコ・オノのように冷ややかでユーモアも解さないような女性に恋をしているのを見るのが悲しかったと書いています。

それもあってか、ジョンの死後、ダコタアパートに弔問《ちょうもん》に行ったマシュラーは、45分も待たされ、あげく敢えて自己紹介するように求められたのです。彼女と心を通わせるのは無理だと悟って早々に引き上げたことが書かれています。

ちなみにジョン・レノンのこの2冊は邦訳されています。

『パブリッシャー――出版に恋をした男』は、このような、エピソードというかゴシップともいえるような話題が満載の本です。訳者あとがきでは「１５０人を超す」と紹介されていますが、たくさんの作家について、この著者ならではの面白いエピソードが語られていきます。

また、自身が手掛けた料理本、写真集、画集、自叙伝、児童書についても章が設けられています。

「わたしの作家」とノーベル賞――中南米の作家たちも手掛ける

その中でもガルシア・マルケスとのやり取りは、とても興味深いものです。ロンドンに来ていたマルケスと会うのですが、意外なやり取りの様子が語られています。

彼（＊ガルシア・マルケス）はぼうっとしている感じだったが、ケイプが今までにどのような作品を出版してきたかということについて正確に知っていたし、（＊自らの）五冊の契約についても、イングランドでは自分の作品が成功していないことについても十分に承知していた。そして、忘れもしないあの言葉を口にしたのだ。「お金のことは心配しないでください。つぎの作品は歴史に残る作品になります。売れて、売れて、売れまくりますよ」。まったく傲慢《ごうまん》な口調ではなかった。彼はただ、わたしと同じように確信していただけだった。それが契約した五冊目の作品、『百年の孤独』だった。

そしてガルシア・マルケスがノーベル賞を受賞した時のスウェーデン国王主催のパーティにも出席します。マシュラーは、マルケスが自分のことを、自分の作品を残らず出版した唯一の出版人として紹介してくれた喜びを語っています。

その他にもたくさんのラテンアメリカ文学の作家を手掛けていますが、ノーベル賞の受賞者としては、１９６７年のミゲル・アンヘル・アストゥリアス、１９７１年のパブロ・ネルーダ、１９９０年のオクタビオ・パスがいます。ですから以下のような自慢話にもなるのです。

> 「わたしの作家」がノーベル賞を受賞したことは、一九六三年以来、まことにうれしいことに十一回もある。

こう言いつつ、ノーベル賞にはこんなコメントをしているのです。

> 最後にもうひとつ、ノーベル賞についてはっきり言いたいのは、この賞はほとんどの

国でびっくりするほど高く評価されていて、その作家の仕事ぶりを一変させる場合が非常に多いということだ。売上部数は二倍に、いやそれどころか十倍にもなるかもしれない。だが、ずばりと言ってしまえば、イングランドの読書人はノーベル賞にはハナクソほどの関心もないのだ。

ブッカー賞創設の経緯——賞金は誰が出す？

「イングランドの読書人はノーベル賞に関心がない」——これは意外な印象がありますが、本当にそうなのでしょうか。

逆に彼が創設したブッカー賞についての解説を見てみましょう。

初めてブッカー賞が発表されたのは１９６９年のことでしたが、そもそもは50年代のはじめに講演で文学賞をテーマに話したことから始まったということです。それまでは、最も重要な文学賞はフランスのゴンクール賞でした。受賞作は50万部も売れる可能性があったといいます。

講演の際に会場から、文学賞を創設した場合の賞金をどうするのかという質問があり、マシュラーが考えたのが、ブッカー・ブラザーズという金持ちの会社をスポンサーにすることだったのです。

この会社は他の企業とともに西インド諸島でサトウキビの栽培をしていました。マシュラーはさっそくこの会社に話を持ち掛けて、見事に賞金の提供を受けることに成功します。

わたしの提案でもっとも価値があったのは、毎年六人の最終候補者名を発表して、その中から受賞者を選ぶという方式だと思っている。もっとも望ましいのは、最終発表の前にできるだけ多くの憶測が飛び交うことだと思ったのだ。最終候補者名を発表すれば、たった一人ではなく、六人の作家が恩恵を受けることにもなる。

さすがにこういうところは、したたかなビジネスパーソンです。それにしてもブッカー賞の名前がそういう会社名から取られていたとは、私にはとても意外なことでした。そしてマシュラー自身のこのコメントにも感慨深いものがあります。

おかしなことを言うと思われるかもしれないが、出版人としてのわたしの人生を振り返ったとき、ブッカー賞を創設したことが、おそらく出版界へのもっとも効果的で永続的な貢献だったろう。

買収、巨大化——出版社をものみ込む新自由主義

さて、ここからは、前半でご紹介した『理想なき出版』の話に連なっていきます。

ジョナサン・ケイプ社は１９８０年には驚異的な収益があったといいます。しかしそれから急速に財政的に厳しくなっていきました。マシュラー自らも銀行から借り入れをすることになります。

その時に連絡してきたのが、例のアンドレ・シフリンたちが集団で辞職したランダムハウス・グループを所有する大金持ちのアメリカ人、ニューハウスでした。アメリカと同じことがイギリスでも起きていたのです。

１９８７年、マシュラーはニューハウスと会って話をするのですが、なんとかジョナサン・ケイプ社を自分の指揮下に置く条件でニューハウスとの契約を結びます。ですが、今まで通り経営にあたってくださいと言われていたにもかかわらず、盟友は別の人間にとって代わられ、結局、辞職してしまうのです。

それから10年後には、なんとランダムハウスもろとも、ドイツのベルテルスマンに売られ

ることになりました。

こういう話を読んでいると、あまりにも理想主義的であるという印象のあったアンドレ・シフリンの記述が、にわかに現実味を帯びてきます。出版が過剰に新自由主義的な市場優先主義に走ることの弊害がよく理解できます。

『パブリッシャー――出版に恋をした男』の訳者あとがきを読むと、マシュラー自身は、この本が刊行された２００６年時点では、まだケイプ社の正式な一員だったそうです。

イタリアの革命的出版社、フェルトリネッリ

最後に、マシュラーが書いているフランクフルト・ブックフェアについて触れておきましょう。

フランスならガリマール書店、ドイツならズーアカンプ社と、出版社名を挙げていますが、いつも最初に立ち寄るのは、イタリアのフェルトリネッリ社のブースと決めていたと書いています。運が良ければ社主のジャンジャコモと夫人のインゲの姿があったことを懐かしそうに書いています。

フェリトリネリ社にはドラマティックな歴史がある。ジャンジャコモはイタリアの屈指の富豪で、共産主義者でもあり、彼が重要だと考えた左翼の本を学生が入手できるように出版事業を始めた。二年もしないうちに、彼はパステルナークの『ドクトル・ジバゴ』とランペドゥーサの『山猫』の著作権を手にした。（中略）数年後、ジャンジャコモは暗殺され、電信柱の足元に転がっていた遺体が発見された。暗殺された理由は今でも謎に包まれたままだ。彼の死後、威勢がよくて、太っ腹で、愛すべきインゲが出版社を引き継ぎ、子息のカルロとともに舵《かじ》取《と》りをしている。繁昌していて、しかも強い印象を与えるフェリトリネリ書店というチェーン店も経営している。


ボリス・パステルナークの名作『ドクトル・ジバゴ』を手掛けた出版人として世界的に知られるジャンジャコモの評伝は、なんと息子のカルロの手で書かれています。邦訳もあります。『フェルトリネッリ――イタリアの革命的出版社』がそれです。

　これは、じつによく調べられた評伝です。あまり知られることのないイタリアの出版事情について知ることのできる好著です。

　パステルナークについては『パステルナーク自伝』が刊行されていますので、ご興味のある方はぜひ。

ボローニャの児童書のブックフェアに参加した時に、街で「フェルトリネッリ書店」を見つけて「ああ、これが」と思ったことをよく覚えています。

さて、これで「世界の〈編集者の〉読書論」を終わりにして、次章からは「世界の魅力的な読書論」をご紹介していきたいと思います。

【Ⅰ 世界の〈編集者の〉読書論
——(4) アメリカ・イギリス】の
ブックガイド

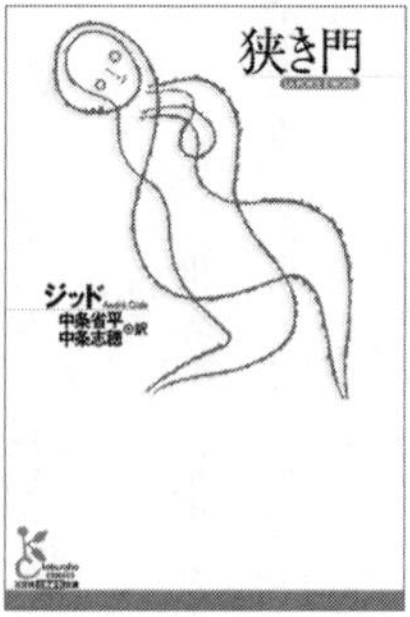

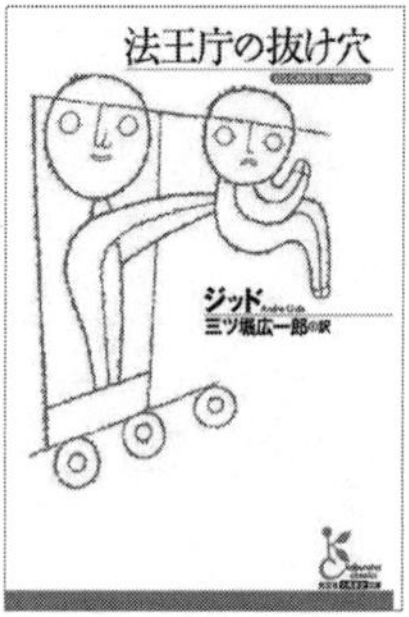

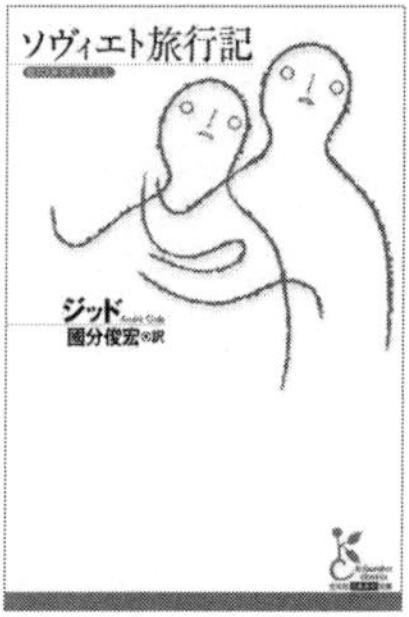

『法王庁の抜け穴』ジッド著、三ツ堀広一郎訳、光文社古典新訳文庫
『狭き門』ジッド著、中条省平・中条志穂訳、光文社古典新訳文庫
『出版と政治の戦後史——アンドレ・シフリン自伝』アンドレ・シフリン著、高村幸治訳、トランスビュー
『ソヴィエト旅行記』ジッド著、國分俊宏訳、光文社古典新訳文庫
『理想なき出版』アンドレ・シフリン著、勝貴子訳、柏書房
『ランダム・ハウス物語——出版人ベネット・サーフ自伝(上・下)』ベネット・サーフ著、木下秀夫訳、ハヤカワ文庫NF
『アメリカの編集者たち』常盤新平著、新潮文庫
『パブリッシャー——出版に恋をした男』トム・マシュラー著、麻生九美訳、晶文社

『絵本ジョン・レノンセンス』ジョン・レノン著、片岡義男・加藤直訳、晶文社
『らりるれレノン――ジョン・レノン・ナンセンス作品集』ジョン・レノン著、佐藤良明訳、筑摩書房
『フェルトリネッリ――イタリアの革命的出版社』カルロ・フェルトリネッリ著、麻生九美訳、晶文社
『ドクトル・ジバゴ（上・下）』ボリス・パステルナーク著、江川卓訳、新潮文庫
『パステルナーク自伝』ボリス・パステルナーク著、工藤幸雄訳、光文社

II

世界の魅力的な読書論

毛沢東の読書論

前章までは「世界の〈編集者の〉読書論」をご紹介してきました。かわってここからは、魅力的な「世界の読書論」をご紹介したいと思います。

まずご紹介するのは、ある革命家の読書論です。「世界の読書論」と銘打っておいて、革命家の読書論から始まるとは、と驚いたかもしれません。

しかし、これが本当に興味深いのです。革命家の名前は毛沢東《もうたくとう》。もう若い世代には、歴史上の人物として認識されているのではないかと思います。いいえ、それどころか、名前は聞いたことがあっても、どんな人物だったかを知る人はさらに少ないかもしれません。

毛沢東こそ、現在の中華人民共和国の礎《いしずえ》を築いた革命家でした。しかし、晩年に至っても権力闘争に明け暮れ、中国の現代史に文化大革命という大きな禍根《かこん》を残した人物としても記憶されています。

２０２１年、中国共産党は創立１００周年を迎えました。天安門広場前で行なわれた記念式典で、毛沢東を意識したと思われる、人民服を着た習近平《しゅうきんぺい》国家主席の姿が印象的でした。

かなり前になりますが、私は上海で中国共産党第一次全国代表大会が開かれた記念館を訪ねたことがあります。編集者は好奇心の塊ですから、そういう場所には必ず行ってみたくなるのです。

その第一次全国代表大会には、もちろん毛沢東も出席していました。そのような歴史的に重要な場所であるのに、私がその建物に入った時には、他に訪れる人もなく、妙に閑散としていました。上海は大きく発展し、忙しく働く中国人たちは、もうこんな場所には興味がないのかな、と思ったことを覚えています。

若い頃から猛烈な乱読家であった毛沢東

中国共産党、そして毛沢東について、アメリカのジャーナリスト、エドガー・スノーが書いた『中国の赤い星』は、わが国でもずいぶん読まれた本なので、ご存じの方もいると思います。革命家としての毛沢東をはじめ、当時の共産党の人々を描いたルポルタージュですが、現在の中国を考える上でも、これは大切な本です。

最近のメディアでは、中国の動静が話題になることが増えましたが、この本は読んでおくべき一冊ではないかと、今さらながら私は思うのです。

この本のなかに、エドガー・スノーのインタヴューに答える形で、毛沢東が読書について語っている部分があります。中学校を辞めた毛沢東は、湖南省立図書館で、開館から閉館まで読書をしたことを語っています。

この独学期間に多くの本を読み、世界地理や世界歴史を学びました。そこで私は初めて世界地図を見、非常な興味をもってこれを勉強しました。アダム・スミスの『国富論』、ダーウィンの『種の起源』、ジョン・スチュアート・ミルの倫理に関する著書を読みました。またルソーの著作、スペンサーの『論理学』、モンテスキューの書いた法に関する書物を読みました。ロシア、アメリカ、イギリス、フランス、その他諸国の歴史や地理を本気に勉強するあいまに、詩やロマンス、また古代ギリシャの説話を読みふけったのです。

すでにこの頃から、手あたり次第の乱読は始まっていたようです。それにしても凄まじい読書量です。このエピソードからも分かるように、革命家・毛沢東には、じつは猛烈な読書家という一面が若い頃からあったのです。

秘書が明かした、蔵書への壮絶なこだわり

長じて革命家になると、まるで19世紀末にデカダンスと呼ばれたフランスの退廃的な文学者のような生活ぶりで、深夜まで読書に耽《ふけ》り、睡眠薬の力を借りてやっと眠るという生活であったようです。

毛沢東の秘書が書いた『毛沢東の読書生活――秘書がみた思想の源泉』は、興味深いエピソードが満載の本ですが、「訳者まえがき」によると、毛沢東の蔵書の収集と管理をしたのがこの本の著者である逄《パン》先《シエン》知《チ》だそうですから、裏話のようなエピソードがたくさん出てきても当然です。

しかも16年もの年月を秘書として過ごしたので、立場上、毛沢東の読書に関することはよく知っていたのです。

> 一九四七年、延安を撤退するさい、たくさんの物品を捨てたが、地中に埋めた分はべつとして、書物はほとんど、とりわけ書きこみをした書物は、あちこち移し、千《せん》辛《しん》万《ばん》苦《く》の末、ついに北京に運びこまれた。毛沢東の蔵書のなかでも、これらはもっとも価値があるものの一部で、毛沢東思想を研究するのに貴重な資料である。

現在でも書店や図書館に行けば、いわゆる愛書家が蔵書について書いた本がたくさんありますが、毛沢東の蔵書へのこだわりは壮絶というか、尋常ではなかったことが分かります。もちろん革命家としての読書ですから、世界文学や中国のリアリズム文学など、ほとんど読んでいない分野もあったので、毛沢東の思想には限界があったこと、それが不利をもたらしたこともあったことを、この秘書は率直に認めています。

しかし、読書への熱中ぶりはちょっと比類のないものに思えます。

> 毛沢東は、読書して倦《う》むことを知らなかったひとである。昼寝を忘れるとか、食事を忘れるのは、しょっちゅうであった。われわれ幹部によびかけて、読書の習慣をつけ、仕事以外の時間は読書するようにと指示したことがあった。ひとに要求するだけでなく、自分がまず実践した。
>
> （中略）あるとき、ナポレオンの伝記が読みたいというので、翻訳されたものを何冊か送った。一緒に読みはじめたひとがまだ一冊も終わらないうちに、毛沢東は三冊とも読みおえていた。毛沢東の睡眠時間はたいそう少なく、不眠不休で仕事をしているように

みえた。読書も同様で、利用できる余暇は、ほとんど読書に使った。

なんだか「ちょっと長いまえがき」で書いた、エスカレーターでも本を読み続ける少女のような読書の仕方だと思いませんか。革命家でありながら、これだけ読書に耽溺《たんでき》する本好きというのは、ちょっと想像もつきません。

もちろん革命家は理論武装しなければいけないので、当然といえば当然ですが、ここまで読書する人間は稀ではないでしょうか。

レーニンやトロツキーも大変な読書家だったと思いますし、そこから得た知識を使って自らの理論を発展させていったことは同じでしょう。それと比較しても、毛沢東の読書ぶりは異様な印象を受けます。しかも生涯を通じてそうだったのですから。

かつて毛沢東は「年をとっても勉強しなければならない。私が十年後に死ぬとしたら、あと九年と三五九日（太陰暦では一年は三六〇日：原注）勉強しなければならない」と言ったそうですが、本当にそのような生涯を全うしたわけです。

マルクスよりも史書を読みふける――革命家ならではの読み方

毛沢東の読書対象は、マルクスやレーニンはもちろんのこと、中国の古典に大きな時間が割かれました。最も多く読んだのが、中国の史書だそうです。

いわゆる「二十四史」といわれるもので、中国王朝の正史二十四書のことだそうです。『史記』から始まり、『漢書』『後漢書』など明王朝の滅亡までの歴史書のことです。また、『資《し》治《じ》通《つ》鑑《がん》』（北宋の司馬光が１０８４年に完成した歴史書）については、よく書けていると高評価を与えていたようです。

有名な古典小説も読んでいました。『金瓶梅《きんぺいばい》』（明代の長編小説）には封建社会の矛盾が詳細に暴露されていると考え、『紅楼《こうろう》夢《む》』（清代乾隆帝《けんりゅうてい》の時代に書かれた長編の白話《はくわ》小説）は封建的大家族の没落と封建社会の階級闘争を描いた小説であると、高く評価していました。また、『西遊記』（明代の長編白話小説）とその作者については称賛していたということです。

いかにも共産主義者という読み方ではありますが、長い長い小説を楽しんで読んだことが伝わってきます。

じつはもう一つ、毛沢東の主治医だった人物が書いた『毛沢東の私生活』といういささかスキャンダラスな本があります。この本に書かれた毛沢東は、極めて人間らしい革命家として登場します。上下巻に分かれた大部な本ですが、現在でも読み返す価値が十分にある本です。中国の近現代史に少しでも興味がある方にはお勧めです。

そこに『紅楼夢』についての毛沢東の発言が紹介されています。

「この『紅楼夢』なる小説は、封建社会の興亡を描いたものだ――二千年におよぶ中国史の圧縮版だね。私はふだん小説を読まないが、『紅楼夢』だけは好きだ」

そう著者に語っていたことが書かれています。また、前述した睡眠薬への依存も、この本で明かされています。

この医師は毛沢東の史書への耽溺ぶりも証言しています。そして重要な指摘をしています。

> 毛は政治的闘争の準備に入るとき、きまってマルクスよりも史書を読みふけったが、後漢時代の歴史はとりわけうまく書かれており、戦略的な術策にはこと欠かない。

ここでは毛沢東の史書に対する関心の源がどこにあるかが指摘されています。それにしても毛沢東の読書は実利的というにはあまりに徹底したもので、人間が本を読むことの究極の形を示したものだという強い印象が残ります。

最も薄くて、最も内容がある、モームの読書論

さて、話題を変えましょう。サマセット・モームという作家の小説をお読みになったことはありますか。

『月と六ペンス』がとても有名ですが、光文社古典新訳文庫では他にも、短編集『マウントドレイゴ卿／パーティの前に』、さらには『人間の絆』改め『人間のしがらみ』があります。

私は個人的にもモームの小説が大好きで、本当に小説がうまい作家だと、読むたびに感心しています。時としてモームは、大衆的な作家だと誤解されていることがありますが、ここで取り上げる本を読めば、モームが純然たる芸術家であることが一目瞭然だと思います。

ところが、残念なことに、これからご紹介するモームの読書論は、案外知られていないのです。ですから、モーム・ファンの私の友人に勧めたところ、「ええ、こんな本を書いていたのか。全然知らなかった。いかにもモームらしい、ドキリとするくらい本音の読書論だね」という感想が返ってきて、とてもうれしく思いました。

ユーモアに溢れた、そして痛快な内容で、個人的には数多《あまた》ある読書論のなかでも、何度読み返してもまったく飽きない内容です。書店や図書館にあるたくさんの読書論をお読みになった方にも、原点に立ち戻るという意味では、これは最適な本だと思います。

書名は『読書案内——世界文学』。原題は『ＢＯＯＫＳ　ＡＮＤ　ＹＯＵ』。

私は編集者という仕事柄、非常にたくさんの世界文学の入門書を読んできました。そのなかにはいわゆる鈍器《どんき》本（鈍器になるほど分厚い本）と呼ばれるような大部な本も何冊かあります。しかし最も薄い本が、この『読書案内』なのです。

最も薄くて最も内容のある本。モームらしい皮肉とユーモアに満ち満ちた奥の深い内容を持っています。

第一の条件は「楽しく読めるということ」

そもそも、この本はアメリカの週刊誌での連載を一冊にまとめたもので、刊行時に「はしがき」を付け加えています。最初に読んだ時の感想は「さすが、モーム。肩の力が抜けているなあ」というものでした。

ドストエフスキーだ、トルストイだ、バルザックだ、メルヴィルだ、などという作家名とその作品がズラリと並ぶと、横綱が勢ぞろいしたような印象があって、緊張しないで読むことができないように思いますが、その手の本のなかで唯一、気楽に読むことができる一冊だったからです。

日本でも、若い世代には少なくなってきたとはいえ、いまだ世界文学というと、襟《えり》を正して読まなくては、というような古典的な教養主義は生きているといってもいいと思います。ですが、「面白いよ、この作品は。寝っ転がって読んでごらん」とモームに肩を叩いてもらえるのが、この『読書案内』なのです。

> ある書物をリストにとりあげるにあたり、まず第一にその書物に求めた条件は、楽しくよめるということであった。それというのも、リストにかかげた書物を、あなたにぜひともよんでいただきたいからである。（中略）文学史の上からすれば、どれほど重要であろうと、研究者は別として、今日ではだれもよむ必要のない書物がたくさんにある。

この「楽しんで読める」ということが、明治期から外国文学を輸入し、学習することで成立してきた日本の近代文学の読者が、なかなか辿《たど》り着けない境地であったことは間違いありません。

しかしモームは「楽しく読めればいいんだよ」と、この問題をあっさりと片付けてしまいます。

20世紀文学は19世紀文学と比較して、実験的な要素が濃く、特に難解なヌーヴォーロマンなどを、「これが分からないと文学が分からない」というような圧力を感じて読んだ世代としては、もっと早くモームのこの解毒剤が欲しかったと思います。

傑作とされていても「一向におもしろくもおかしくもないものがある」

さて、続けてモームの言葉を引用しましょう。

> ある書物があなたにとって大切なのは、その書物があなたにたいしてどのような意味をもつかという、ただその点だけなので、たとえあなたの意見が、他のあらゆる人びととと相《あい》容《い》れないことがあっても、そんなことはぜんぜん問題にはならない。あなたにとっては、あなた自身の考えこそ、価値をもつのである。(中略)芸術上の問題については、これが正しい、あれは間違っている、といったことはありはしない。

さらにモームは踏み込んだ発言をしていきます。ここまで言うのはなかなか大変なことだと思います。

傑作といわれるもののなかには、一流の批評家がこぞって傑作であるとみとめ、文学史家がそのためには少なからぬスペースをさこうという書物でありながら、普通の読者が今日よんでみると、一向におもしろくもおかしくもないものがある。専門の研究者にとってはは重要な書物であるだろう。だが、時代が移り、人びとの趣好がかわってきたところから、せっかくの持味を失い、そのためいまでは、努めて意志をはたらかせねばよむことができなくなっている。

これも読めない自分自身を責めがちであった私たち普通の読者には、ありがたい言葉ではないでしょうか。そして極めて重要な指摘でもあると思います。

当たり前のことを言うことが、どれだけの勇気が必要であったことか。21世紀の若い読者には、ぜひこのモームの教えを胸に刻んでほしいと思います。

１９４０年に刊行されたこの本には、しかし、時代的な限界もあります。副題には「世界文学」とあり、三部構成になっていますが、イギリス文学、ヨーロッパ文学、アメリカ文学の三部になっている点です。

まだラテンアメリカ文学のブームは到来していませんでしたし、アジア文学についても大きく取り上げるだけの必然性が感じられなかったのでしょう。しかし、それこそ時代的制約というもので、モームを責めてみても仕方ありません。

この本には現在のような高齢化社会を予見したような指摘もあります。

> 人生の盛りをすぎてから、それをこころみて、しかも満足のえられるスポーツといっては、読書をおいてそうたくさんはない。

若いお爺さんとお婆さんに聞かせたいですね。読書はスポーツだ！　そういわれると気が楽になりませんか。

「飛ばして読む権利」を行使せよ

本書はデフォー『モル・フランダース』から始まり、スウィフト『ガリヴァー旅行記』、フィールディング『トム・ジョーンズ』と、イギリス文学の紹介が続いていきます。私がオッと思うのは『ローマ帝国衰亡史』を書いたギボンの自叙伝を挙げていることです。これは私のお気に入りの一冊なのです。モームも注目していたなんて、と最初に読んだ時にうれしくなりました。

ヨーロッパ文学では、セルバンテス『ドン・キホーテ』から始まります。モンテーニュ『エセイ』、ゲーテ『ヴィルヘルム・マイステル』、ツルゲーネフ『父と子』、そしてトルストイの『戦争と平和』、ドストエフスキー『カラマーゾフの兄弟』を挙げた後に、飛ばし読みのすすめを書いているのです。

> 『カラマーゾフの兄弟』のおわりの数章は、うむところを知らぬ読者でもなければ、とうてい完全にはよめるものではないのだから。わたくし自身のことを申せば、ドストエフスキーが、法廷の場面で、弁護士に述べさせている論告など、精読する気にはとうていなれず、ざっと目を通しただけであった。いままでにわたくしがとりあげた書物は、

> すべて重要なものばかりで、十分注意をしてよむだけの価値があるとは思うが、それですら、とばして読む権利を用いたほうが、一層楽しくよめるはずである。

こんな大胆な飛ばし読みの権利を主張することは、モームならではでしょう。普通はたとえ飛ばし読みをしていても、こんなに正直に言いませんし、言う必要もありません。逆説的に聞こえるかもしれませんが、モームは誠実な作家なのです。『戦争と平和』についても飛ばし読みの権利を行使しています。

> 戦争の場面があまりにもしばしば出てきて、しかもその一つひとつが微に入り細に入り語られていてうんざりするくらいであり、フリーメーソンに加わったピエールの経験は、退屈なことこの上もない。しかし、そうしたところは、とばしてよめばよい。とばしてよんでも、やはりこの小説が偉大な作品であることには少しもかかわりがない。

私はモームが本当に飛ばして読んだのか、少し疑問に思っています。これは作家の自己韜《とう》晦《かい》ではないかと思うからです。私自身はモームが退屈だと言っている箇所も編集者としてきちんと読みましたが、別に退屈ではありませんでした。

ただモームの言っていることは、とても重要なことだと思います。あまりに誠実に作品と取り組んで自分に絶望することがないようにということを、繰り返し読者に納得させようとしているからです。

文学とは芸術であり、楽しみのために存在する

アメリカ文学について語った章でも、さりげなく重要なことに触れています。

> ベストセラーになったことは、その書物がぜんぜん無価値であるという証拠には少しもならない。『デイヴィッド・コパフィールド』にせよ、『ゴリオ爺さん』にせよ、『戦争と平和』にせよ、いずれも昔からベストセラーだったではないか。だが、だからといって、ベストセラーであることは、その書物が傑作であるという証拠になるわけのものでもない。

ベストセラーについては、昔から議論のあるところではありますが、これは正論だと思い

ます。

もう一つ、モームはアメリカ文学の章で重要なことをさりげなく書いています。

> だが、文学はどこまでも芸術である。哲学でもなければ科学でもなく、社会経済でもなければ政治でもない。芸術なのである。そして芸術は、楽しみのために存在するのである。

私たちは21世紀もようやく20年を過ぎた現在、この言葉を素直に受け取れるようになったのではないでしょうか。

『世界の十大小説』――伝記的な部分も楽しめる

さて、モームは『世界の十大小説』という個性的な文学案内を書いています。この本も読書論としての一面を持っています。いわば『読書案内』の続編といえるでしょう。

こちらは1954年に刊行されています。『読書案内』と重なる作家と作品もかなりありますが、作家の伝記的な記述があり、それから作品の紹介になるという構成になっています。

伝記的な部分はさすがに作家・モームの面目躍如で、いろいろな資料から再現される作家の素顔と人生は大変面白く描かれていて、それだけで十分に楽しめる内容になっています。たとえば『ゴリオ爺さん』を書いたバルザックの大食漢ぶりを描いたところなどは圧巻です。バルザックの本を出した出版者の証言が紹介されます。

> ある食事の席で、彼（＊バルザック）が牡蠣《かき》百箇、カツレツ十二枚、鴨一羽、しゃこ一つがい、ひらめ一尾、デザートの菓子数箇、梨十二箇を平らげるのを目撃したと言う。時がたつうちに物凄く太って、巨大な布袋腹《ほていばら》をもてあますようになったのも驚くに当らない。

本当かなと思うくらいの健啖家《けんたんか》ぶりですが、ここまで克明に記録する必要があると考えるのはモームが作家だからでしょう。というのも、フローベールの『ボヴァリー夫人』を紹介した章の書き出しは以下のようになっているからです。

> ある作家がどのような作品を書くかは、その作家の人物いかんによって決定され、し

> たがって生涯の重立った出来事について知っておくのは、その作家を理解する上に好都合であると私は信ずるが、もしそうであるとすれば、この生涯の重立った出来事を知っておくというのは、やがて明らかになるように、フローベールの場合、とくに重要である。

こういう文学観は古いものとされた時期がありました。作家の人生と作品は別々に論じられるべきだという考えが支配的な時代があったのです。

しかし個人的にはモームの立場に共感を覚えます。巻末には登場する10人の作家が一堂に会する想像上のパーティが開かれるというお楽しみが待っています。世界文学の入門書としてお勧めの一冊です。

この『十大小説』というタイトルと同じ面白い文学の入門書がありますので、紹介しましょう。

文芸評論家の篠田一士《しのだはじめ》が書いた『二十世紀の十大小説』には、プルーストの『失われた時を求めて』のような世界文学はもちろん、日本からは、島崎藤村『夜明け前』が入っています。

また、木村榮一《きむらえいいち》さんの『ラテンアメリカ十大小説』もあります。ガルシア・マルケス『百年の孤独』、プイグの『蜘蛛《くも》女《おんな》のキス』など、ラテンアメリカ文学研究のパイオニアである木村さんならではのガイドブックになっていますので、読んでいて楽しいこと。

さらに世界文学の案内として、あのナボコフの『ナボコフの文学講義』『ナボコフのロシア文学講義』があります。ナボコフらしいちょっと皮肉な語り口で、世界文学の名作の魅力が語られていきますので、楽しめる上に大変勉強にもなります。

私は編集者として、折に触れて読むようにしています。未読の方はぜひお手に取ってみてください。

ヘンリー・ミラー『わが読書』――児童文学、冒険小説への評価

英語圏から読書論をもう一冊紹介しましょう。今、若い世代に聞いてみると名前さえ知らないことに驚きますが、ヘンリー・ミラーというアメリカの偉大な小説家がいます。

70年代に高校生だった私のような世代には、ヘンリー・ミラーの小説『北回帰線』と『南回帰線』は必読書でした。性的な描写に惹かれて密かに読んでいたのですが、その作風にも不思議な魅力がありました。

そのヘンリー・ミラーの全集に、『わが読書』という著作が入っています。

私がこの本に惹かれた理由は単純です。ヘンリー・ミラーの作品が好きだったことと、ライダー・ハガードをヘンリー・ミラーが高く評価していることでした。

ライダー・ハガードの『ソロモン王の宝窟《ほうくつ》』は、私が夢中で読んだいわば生涯最初の本の一冊でした。小学生の時にほとんど毎晩この本を読んでから寝ていた記憶があるほどです。

そしてその本は大事に今も手元に置いてあります。偕成社版の『ソロモンの宝窟』は、私にとっては貴重な一冊なのです。

『わが読書』を手に取るまでは、彼がこういう児童文学を高く評価しているとは知りませんでした。

しかも第四章のタイトルは「ライダー・ハガード」です。その中でこんな読書論を述べています。

> こう考えて来ると、ますますぼくは或る年齢に達したら少、青年期に読んだ書物を再読することが不可避の必要となることを信ずる。さもなければぼくらは自分が何者であるか、なぜ自分が生きたかを知ることなしに墓場へ行くことになるだろう。

これは最近自分自身もよく考えるようになったことです。後の章でまとめて触れますが、幼い頃に縮約版で読んだ児童文学をもう一度読むことは、じつは重大な意味を持っていると気づかされる文章です。

できるだけ少なく読みたまえ！

同時にヘンリー・ミラーは読書について、こんなことも書いています。

> ここで、抑えがたい衝動に駆られて、ぼくは一つの無償の忠言を読者に献《ささ》げる。こういうことだ——できるだけ多くではなく、できるだけ少く読みたまえ！　いや、読者よ、ぼくが書物の海に溺れている連中をうらやんでるなどと疑わないでください。ぼくといえども、かつて心のなかであれほど長いあいだあこがれて来た書物のすべてをかたっぱしから読破したいと心ひそかに思わぬでもない。が、それが大切なことでないことをぼくは知っている。いまでは、かつて読んだ十分の一の本さえ読む必要はなかったことを知っているのだ。

あのヘンリー・ミラーがこんな真面目なことを書いている。私はちょっと驚きました。確かにこれは彼の心底からの告白ともとれる内容です。

改心したのかと心配になった方、ご安心ください。というのも本書には、いかにも彼らしい一章があるからです。「トイレでの読書」。こんな章があること自体がやはりヘンリー・ミラーだなあ、と思ってしまいますが、この本自体はとても読み応えのある読書論になっています。

ヘッセの読書論――乱読への戒め

ここで舞台をドイツに移しましょう。『ヘッセの読書術』をご紹介します。ヘッセはもちろん、日本でも知らぬ人はいないという作家ですが、この読書術というか、読書論は非常にはっきりとした主張のある本です。

「書物とのつきあい」という文章では、乱読に対してなかなか手厳しい指摘をしています。

> せかせかと休みなく読み、いたるところでつまみ食いをし、いつもただ最も刺激的な

ものと、精選《せいせん》されたものだけを得たいと望む人は、まもなく表現の様式と美しさを理解する感覚をだめにしてしまうであろう。このような読者は抜け目のない専門的な知識をもつ芸術愛好家という印象を人に与えがちだが、たいてい読んだ本の筋だけとか、くだらない、風変わりなことを記憶しているにすぎない。

最近はやたら多読を勧める本が多いという印象がありますが、ヘッセはそれを強く戒《いまし》めます。三人か四人の一流の作家の作品を完璧に繰り返し読んだ人間は、次から次へと好奇心の赴《おもむ》くままに、たくさんの国々のあらゆる時代の作品を読んだ人間より、はるかに多くのことを学んでいるというのです。

ヘンリー・ミラーと同じ少読の勧めですね。ヘッセ自身は膨大な蔵書を持ちながらも、乱読を戒めているのです。

「保養地での読みもの」というエッセイではこんなことまで書いています。

そもそもよい本とよい趣味の敵は、本を軽蔑する人や字の読めない人ではなくて、乱読者だからである。

ヘッセ自身が大変な読書家であったことは間違いありません。本書の「世界文学文庫」という文章のなかで披瀝《ひれき》されている作品の数々は、想像を絶するほど大量なものです。別の文章では数万冊の本を読んだことを書いています。本質的な読書をするべきだというのがヘッセの主張なのです。「教養」の文字が溢れる最近のわが国の本の洪水を見たら、ヘッセならなんと言うかは自ずと分かります。

> 本当の教養は、何らかの目的のためのものではなく、完全なものを目指すすべての努力と同様に、それ自体価値のあるものなのである。（中略）《教養》すなわち、精神と情緒を完成するための努力もまた、ある限られた目標に向かう難儀な道ではなくて、私たちをよろこばせ励ましながら私たちの意識を拡大し、私たちの生きる能力と幸福になる能力を豊かにすることなのである。

このような教養の定義を、もう一度考える時期に来ているように思います。読書論が実用的なものになり過ぎ、教養の意味も知識と同じになってしまっている状況はそろそろ変わるべきでしょう。

私たちをこのような教養に導いてくれる道のうちで、最も重要な一つの道は、世界の文学作品を地道に読むことである。すなわち、過去の時代が、多くの民族の詩人や思想家の作品という形で私たちに残しておいてくれた思想、体験、象徴、想像の産物、理想像などの膨大な宝とゆっくり慣れ親しんでゆくということである。

別に古典新訳文庫の宣伝をしたいわけではありませんが、ヘッセの主張は古典を読むことに向かいます。

真打登場、ショーペンハウアー

さてさて、真打《しんうち》登場といきましょうか。同じドイツの哲学者、ショーペンハウアーさんです。

『読書について』は、かなり刺激の強い内容です。訳者の鈴《すず》木《き》芳子《よしこ》さんの、とても分かりやすい見事な新訳の原稿を読んでいた時に、これは厳しいなあ、とショーペンハウアーに直《じか》に叱られているような気分になったことを記憶しています。

「自分の頭で考える」という論考には以下のような主張が繰り返し登場します。

> 本を読むとは、自分の頭ではなく、他人の頭で考えることだ。たえず本を読んでいると、他人の考えがどんどん流れ込んでくる。これは、一分のすきもなく完璧な体系とまではいかなくても理路整然たる全体像を展開させようとする、自分の頭で考える人にとって、マイナスにしかならない。なぜなら他人の考えはどれをとっても、ちがう精神から発し、ちがう体系に属し、ちがう色合いを帯びているので、決して思想・知識・洞察・確信が自然に融合してひとつにまとまってゆくことはなく、むしろ頭の中にバベルの塔のような言葉の混乱をそっと引き起こすからだ。

さて、毛沢東さん、この発言をどう思いますか、と尋ねたくなりませんか。ここには多読者の陥りがちな陥穽《かんせい》が見事に描かれているといえるでしょう。確かにたくさん読めばそれでいいというわけではないのです。

人生を読書についやし、本から知識をくみとった人は、たくさんの旅行案内書をながめて、その土地に詳しくなった人のようなものだ。

自分の頭で考える人と、ありきたりの博覧強記の愛書家すなわち本から得た知識をこよなく愛する人との関係は、現場の目撃者と歴史研究家との関係に似ている。

こう続けて言われてしまうと、まったく反論の余地がありません。いささか逆説的な論理展開にも思えますが、ここには大事な真理が語られていると思います。

自分の頭で考えることを忘れるなというショーペンハウアーの語りには、独特のニュアンスがあります。自分を含めて、いかにきちんと考えることを日常的に行なっているかを、もう一度考えるよいきっかけになりそうです。

それにしてもずいぶん手厳しいですね。

それではそのものずばりの「読書について」という文章を見てみましょう。

常に読書のために設けた短めの適度な時間を、もっぱらあらゆる時代、あらゆる国々の、常人をはるかにしのぐ偉大な人物の作品、名声鳴り響く作品へ振り向けよう。私たちを真にはぐくみ、啓発するのはそうした作品だけである。

どんな時代にも二種類の文学がある。両者は互いにほとんど素知らぬ顔で、それぞれの道を行く。真の文学と、うわべの文学だ。

さあ、いかがでしたか。さすが真打だと思ったのではないでしょうか。

このショーペンハウアーの本は、読んでしまうと、ちょっと感覚が変わってしまうような、凄みのある本です。だからこそ読書論として読む価値があると思います。

【Ⅱ 世界の魅力的な読書論】の
ブックガイド

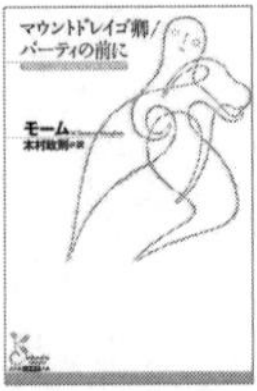

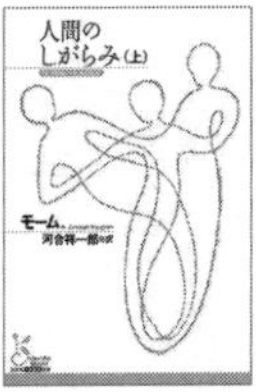

『中国の赤い星（上・下）』エドガー・スノー著、松岡洋子訳、ちくま学芸文庫

『毛沢東の読書生活――秘書がみた思想の源泉』逄先知著、竹内実・浅野純一訳、サイマル出版会

『毛沢東の私生活（上・下）』李志綏著、新庄哲夫訳、文春文庫

『月と六ペンス』モーム著、土屋政雄訳、光文社古典新訳文庫

『マウントドレイゴ卿／パーティの前に』モーム著、木村政則訳、光文社古典新訳文庫

『人間のしがらみ（上・下）』モーム著、河合祥一郎訳、光文社古典新訳文庫

『読書案内――世界文学』W.S. モーム著、西川正身訳、岩波文庫

『世界の十大小説（上・下）』W.S. モーム著、西川正身訳、岩波文庫

『二十世紀の十大小説』篠田一士著、新潮文庫

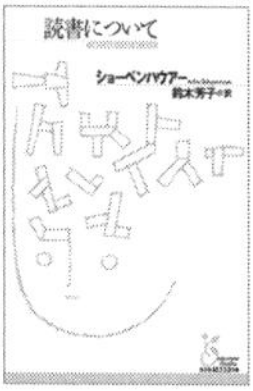

『ラテンアメリカ十大小説』木村榮一著、岩波新書
『ナボコフの文学講義（上・下）』ウラジーミル・ナボコフ著、野島秀勝訳、河出文庫
『ナボコフのロシア文学講義（上・下）』ウラジーミル・ナボコフ著、小笠原豊樹訳、河出文庫
『北回帰線』ヘンリ・ミラー著、大久保康雄訳、新潮文庫
『南回帰線』ヘンリー・ミラー著、河野一郎訳、講談社文芸文庫
『わが読書（ヘンリー・ミラー全集 11）』ヘンリー・ミラー著、田中西二郎訳、新潮社
『ヘッセの読書術』ヘルマン・ヘッセ著、岡田朝雄訳、草思社文庫
『読書について』ショーペンハウアー著、鈴木芳子訳、光文社古典新訳文庫

III

世界の書店と図書館を巡る旅

メルボルンの書店の充実ぶり、ロンドンの書店員の驚きの接客

私は編集者として、欧米を中心に、ブックフェアや観光で訪れた都市では必ず書店巡りをしてきました。

ニューヨークの大型書店や個性的な書店、フランクフルトの古書店では、深い感銘を受けたこともありました。最近ではメルボルンの書店の古典の棚の充実ぶりに驚きました。

しかし、一番強く印象に残っているのは、ロンドンの大きな書店での出来事です。

ふと気づくと、前方のレジのところで、女性の書店員がお客を相手に、大きな身振りとともに熱弁を振るっているではありませんか。

書店員が客に話している内容は、「この本を買ったら、次はこの本がお勧めよ。あの本は読みましたか。それなら次はこれ。さらにはこの本を……」。――次々と書名を挙げていって、終わることがありません。

レジの後ろに並んでいる客たちは、当然のように黙って待っています。日本では見たことのない光景でしたので、私は思わずじっと観察してしまいました。

書店員の熱量は尋常なものではありませんし、このような行動が、その書店員や客にとっても当たり前のことなのだということも理解できました。そして、これこそが書店なのだな

と深く納得したことを、よく覚えています。

書店の未来形を体感――台湾・台北の「誠品書店」

コロナ禍が始まる直前の２０１９年の暮れには、台湾の台北市に旅行しました。発展著《いちじる》しい台湾を体感しようという旅でしたが、もう一つ、ぜひ訪ねてみたい書店があったのです。その名は「誠品書店」。台湾の新しいタイプの書店チェーンとして評判になっていました。確かに大きな書店でした。日本の子どもたちに大人気の『おしりたんてい』をはじめ経済書まで、翻訳された日本の本がたくさん並んでいるのに驚きました。こんなに日本の本が並んでいる海外の書店は、記憶にありません。

　そこは、本のアミューズメントパークといってもよいような、多様な楽しみに満ちた場所でした。私は、書店の未来形の一つが確実に発展しつつあることを認識しました。

　素敵なカフェテリアもあり、何度も食事に訪れました。併設という規模ではなく、書店の大切な一部となっているのです。扱っている雑貨の種類の豊富さにも圧倒されました。ちょっとしたカルチャーショックでした。

　一方で、台湾でも、独立系の小規模な書店が増えているそうです。そういう書店ばかりを紹介した面白い本があります。『書店本事――台湾書店主43のストーリー』では、素敵な「独立書店」がたくさん紹介されています。次回の台湾旅行でぜひ訪ねてみたい書店が増えました。

あなたを世界へつなぐのは、書棚に挟まれた狭い回廊だ

本章では、世界の書店と図書館を紹介した本を取り上げましょう。

まず、その名もずばりの『世界の書店を旅する』という本からご紹介します。タイトルを読んで、「世界」とはいうけれど、きっと欧米を中心にした書店をたくさん訪ねたのだろうと思った方も多いのではないでしょうか。

ところが、これが看板に偽りなしの内容なのです。著者の住むバルセロナから、アテネ、パリ、ロンドン、中国や日本を含むアジア、北米を横断するかと思えば、南米も北から南に縦断しています。さらには、オーストラリアや南アフリカといった、今まであまり知られることのなかった土地の書店を、自ら旅をしながら紹介した驚異的な本です。

著者のホルヘ・カリオンは、１９７６年、スペイン生まれ。現在はバルセロナの大学で文学と創作を教えています。この本は、日本での翻訳が出た２０１９年の時点で16カ国で翻訳

され、スペイン本国でも2万部以上売れているそうです。

確かにこんな本は、私も読んだことがありませんでした。ですから、著者の行動力に驚嘆すると同時に、内容の豊かさに魅惑されました。

> どんな書店にも世界が凝縮されている。あなたの国とその言語を、異なる言語が話される広大な地域へとつないでいるのは、飛行経路ではなく、書棚に挟まれた細い回廊だ。

第1章はこんな素敵な書き出しで始まります。そして書店と図書館の相違については次のように解説します。

> 書店の歴史は図書館の歴史とはまったく別物である。書店は連続性を欠き、制度的な支援もない。公共のニーズに応えようとする起業精神に富んだ個人の事業としてかなりの自由が許されるが、一方で、まじめな研究の対象とはならず、観光ガイドブックにもめったに載らず、学術論文のテーマとなるのは、ついにとどめの一撃が下され、神話の領域に入ってからである。

これは、書店と図書館の違いを、じつに見事に表現した文章だと思います。そして後ほど紹介する、パリのオデオン通りにあったアドリエンヌ・モニエの「本の友の家」と、シルヴィア・ビーチの「シェイクスピア・アンド・カンパニイ書店」を、その「神話化された例」として挙げています。

また同じように神話となった、ロンドンの古書街であるチャリング・クロス通りにあった書店を舞台にした書簡集、ヘレーン・ハンフの『チャリング・クロス街84番地』を、書店について書かれたノンフィクションでは最高傑作として挙げています。こちらも後ほどご紹介します。

書店を巡るために、世界を巡る

さて、この『世界の書店を旅する』のすごいところは、旅の本でもあるところです。大学で教鞭を執っている人間が、これほどたくさんの書店の現場を訪ねて歩いたことは、驚き以外の何物でもありません。

第３章の「世界最古の書店」のなかで紹介されている、１７００年か１７０３年か１７１

0年（いくつかの出典による）に開業したパリのドラマン書店が、世界最古の書店ではないか、という一節を読んだ時には、著者の執念に驚きました。

かと思えば、第5章の「政治的であるべく運命づけられた書店」では、キューバの故カストロ首相が、人生を変えた書物『共産党宣言』とレーニンの『国家と革命』を買った書店が、ハバナのカルロス三世通りにある共産主義系書店であったことが書かれています。

こんなトリヴィアが無限に散りばめられた本なのです。

東方の書店では、イスタンブールの書店が紹介されています。かと思えば、日本では「リブロ」を訪れて、村上春樹さんの本を発見しています。北米はニューヨークから始まり、カリフォルニアで終わります。中南米の書店巡りも、興味深いエピソードが満載です。

書店について、著者のホルヘ・カリオンの言葉が心に残ります。


私は読者としての悩みを解決したいとき、バルセロナ現代文化センターのライエ書店にいるダミア・ガリャルドのもとを訪ねるようになった。よい書店員には医者や薬剤師やカウンセラーに通じるところがある。

この言葉には、著者が世界中の書店巡りをした動機の一つが、上手に表現されていると思います。書店という場所が何かを与えてくれる。そんなことを教えてくれる好著です。

アメリカの作家とロンドンの古書店員との、20年にわたる書簡集

さて、ホルヘ・カリオンが、「書店について書かれた最高のノンフィクション」と絶賛した、イギリスの古書街を舞台にした『チャリング・クロス街84番地』という魅力的な本をご紹介しましょう。

チャリング・クロスはロンドンの有名な古書街ですが、そこにあったマークス社と、アメリカのニューヨークに住んでいたヘレーン・ハンフという女性作家との往復書簡集です。

この本は大きな評判を呼び、映画化もされたそうです。私自身も何度も読み返している本です。10年ほど前になりますが、ロンドンへ行った時に、わざわざチャリング・クロス街に行き、古書店巡りを楽しんだことがあります。

翻訳を手掛けたのは、あの江藤《えとう》淳《じゅん》です。解説で以下のようにこの本の魅力を書いています。

『チャリング・クロス街84番地』を読む人々は、書物というものの本来あるべき姿を思い、真に書物を愛する人々がどのような人々であるかを思い、そういう人々の心が奏でた善意の音楽を聴くであろう。世の中が荒れ果て、悪意と敵意に占領され、人と人とのあいだの信頼が軽んじられるような風潮がさかんな現代にあってこそ、このようなささやかな本の存在意義は大きいように思われる。

『世界の書店を旅する』の著者ホルヘ・カリオンが褒めるのも分かりますね。先ほども書いたように、アメリカ在住のヘレーン・ハンフという女性作家と、ロンドンの古書店・マークス社の従業員であるフランク・ドエルという男性との手紙のやり取りがそのまま残された本ですが、他の従業員やフランク・ドエルの妻などの手紙も入っています。

本を媒介にした20年にわたる手紙での付き合いは、ちょっと類例がないように思います。そしてフランク・ドエルの突然の死によって、この二人は結局一度も会うことなく終わってしまうのです。最初の手紙の日付は１９４９年10月５日となっていますから、第二次世界大戦が終わって間がない頃です。

容赦ない本の催促と、厳しい批評

付き合いは、このように始まります。ニューヨークに住むヘレーンが、古書店への挨拶とともに欲しい書籍のリストをロンドンへ送ると、さっそく返事がありました。もちろん相手はフランクでしたが、この段階では分かりません。

余談ですが、本書の解説で、訳者の江藤淳がもう一つ指摘しているのは、ヘレーンの読書の趣味は一流であることです。

最初はビジネスライクな付き合いから始まりますが、だんだんと親密さが増していきます。そしてヘレーンが、イギリスでは戦争の影響で食糧が配給制になり肉や卵に不自由している事情を知って、ロンドンへクリスマスプレゼントを送るあたりから、人間的な交際が始まります。もちろんその間も、本の催促は容赦《ようしゃ》なく続きます。

> お送りいただいたこの本は、サミュエル・ピープスの日記なんてものではありません。こんなもの、だれか出しゃばりな編集者がでっちあげた、ただのあわれな抄録です。こんなもの作った奴はくたばっちゃえばいいんだわ。こんな本、私、鼻もひっかけないことよ。

日本でも読まれている『ピープス氏の秘められた日記』の短縮版に対して、こんな厳しい言葉で、ヘレーンはフランク・ドエルに抗議します。このヘレーンの激しさとフランクの落ち着いた対応の妙が、この本に彩りを添えています。１９５０年代から60年代を通じて、ヘレーンとフランクの心温まる手紙での交流は続いていきます。

しかし、１９６９年の年明けにマークス社の秘書から届いた手紙には、フランクが前年末に急病で死去したことが書かれていました。一度も会うことなく、フランクは旅立ってしまったのです。

経済的な理由でイギリスに行くことも叶わず、20年間に及ぶ手紙のやり取りだけで終わってしまった関係ですが、ヘレーンの喪失感はいかばかりだったでしょうか。

ようやく訪れることが叶った「チャリング・クロス街84番地」

じつはこの本には続編があります。ヘレーン・ハンフの『続・チャリング・クロス街84番地――憧れのロンドンを巡る旅』という本が刊行されているのです。

１９７０年のアメリカでの発売に続き、１９７１年、ついにイギリスでも『チャリング・

クロス街84番地』が発売されることになり、そのパブリシティのために、ヘレーンもロンドンを訪ねることができたのです。到着翌日の新聞の取材の後、閉鎖されているマークス古書店での写真撮影に出かけます。

> 私たちは八四番地に着いた。空のウィンドウが私の本で埋め尽くされていた。窓越しに見た店内は暗く何もなかった。カルメン（＊出版社の広報担当者）が隣のプール古書店へ行き鍵をもらってきてくれたので、私たちはかつてマークス古書店だった場所に入ることができた。

ヘレーンは店の外で写真撮影に応じました。その時の彼女の心情に思いを馳《は》せると、複雑な感懐を抱いてしまいます。古書店という場が、私たちを含めて、人々の心に大きな贈りものを届けてくれたといえるでしょう。

発禁処分の『ユリシーズ』をいきなり刊行、伝説の書店

次は本物の神話となった、パリの「シェイクスピア・アンド・カンパニイ書店」を訪ねて

みましょう。

店主は、シルヴィア・ビーチというアメリカ人の女性。この書店に集《つど》った作家たちの名前を聞くと、ここがまさに20世紀文学の重要な舞台になったことがお分かりいただけると思います。『シェイクスピア・アンド・カンパニイ書店』は、パリに英米文学の専門書店を開いた女性が書いた自伝なのです。

シルヴィア・ビーチは、フランスが大好きな両親のおかげで、たびたび彼の地を訪れていましたが、１９１７年のパリ再訪が、彼女の運命を決めました。ある日、オデオン通りにあるアドリエンヌ・モニエという女性が経営する書店を訪ねたことで、シルヴィア・ビーチの人生は変わります。

フランスの作家たちもいつも立ち寄っていたこの書店では、たびたび読書会が開かれ、会員になると、たとえばジッドがヴァレリーを朗読するのを聴くことができるのです。

もともと書店を開きたいと思っていたシルヴィア・ビーチは、パリで英米の書物を売る書店を開くことにしました。開店は１９１９年の11月。本を売るだけでなく、貸し出し文庫も運営することになりました。

ジッドはすぐに、この貸し出し文庫の会員になってくれました。こういう気遣いをするジッドさん、本当に偉いですね。

1920年の夏にアイルランドの作家、ジェイムズ・ジョイスにパーティで出会ったことが、シルヴィア・ビーチの人生を大きく変えることになります。

私は、ジェイムズ・ジョイスを大層崇拝していましたので、彼がきているというこの予期せざるニュースを聞くやいなや吃驚《きつきよう》してしまい、逃げ出したくなってしまいました。

翌日、ジョイスはシルヴィアの店を訪ねてくるのです。この時期のジョイスの主な関心事は、自らの『ユリシーズ』の運命でした。掲載誌が何度か押収され、廃刊になってしまっていたのです。

店にやってきたジョイスは、このニュースをシルヴィアに語ります。大きな吐息をつくジョイスに、シルヴィアは「シェイクスピア・アンド・カンパニイ書店であなたの『ユリシーズ』を刊行させて頂けないでしょうか」と尋ねたのです。

もちろん、シルヴィアには編集経験はありません。書店が出版社になることは珍しくありませんが、いきなりジョイスの作品を刊行するのは大変なことだと、編集者として私は考えてしまいます。

発行禁止処分ということで、英米での出版の可能性が閉ざされた事態のなかですから、ジョイスは即座にうれしそうに承諾しました。初版千部でと、シルヴィアは考えます。現在からみると、とても少ないようですが、シルヴィアにとっては大きな冒険だったでしょう。『ユリシーズ』の購買予約は大変好調でした。真っ先に駆け付けて予約してくれたのは、例によってジッドでした。ヘミングウェイも数冊の予約を入れてくれます。出版は遅れましたが、やっとのことで『ユリシーズ』は１９２２年に刊行されます。


客として小さな書店を支えた青年ヘミングウェイ

こうしてスタートした企画でしたが、シルヴィアは書店経営と出版社の両方をこなしていかなければならず、経済的な苦境に立たされます。ですからシルヴィアには、ヘミングウェイは理想的なお客だったのです。

私たちが愛し、少しの迷惑もかけないお客様であったのは、毎朝、シェイクスピア・

アンド・カンパニイ書店の片隅で、雑誌類、あるいはキャプテン・マリアッツ（＊イギリスの小説家）やその他の本を読み耽《ふけ》っていた一人の青年でした。これがアーネスト・ヘミングウェイでした。（中略）定期的に訪れるだけでなく書籍購入のためにお金を使ってくれるお客様、これは小さな書籍販売店を営む主人にとっては大変有難いことでもあったのですが、こうしたお客様に対する私たちの感謝の気持は大変なものでした。

こうしている間にもますます、シェイクスピア・アンド・カンパニイ書店は有名になり、世界中から訪れる人が増えました。それこそ神話になりつつあったのです。

もう一人、シルヴィアと友人のアドリエンヌの仲が良かった作家は、フィッツジェラルドでした。

このように、古き良き時代のパリで、世界中から集まってくる客たちを相手に書籍を売るだけではなく、作家たちのための大きな場所を作り出していったのです。

錚々たるメンバーが守った、作家たちのための場所

１９２０年代は、こんな平和な日々が続いていましたが、30年代になると、世界的な不況

により、書店経営は深刻な打撃を受けます。30年代の中頃になると、もう店じまいをしようというところまで追い詰められました。

その話を聞いて、ジッドは驚愕します。そしてすぐに救済のプランを立ててくれたのです。ジッドやヴァレリーが救済のための委員会を結成し、２００人の会員に、年に２００フランの寄付を呼びかけたのです。そして会員のために、この委員会の作家たちが書店で、未刊の作品を朗読する計画を立てました。寄付も集まりました。

最初の朗読は、もちろんジッドでした。そしてアンドレ・モーロア、ロンドンから駆け付けた詩人Ｔ・Ｓ・エリオット、ヘミングウェイなど、信じられないような豪華メンバーが、朗読を披露したのです。

こうしてシェイクスピア・アンド・カンパニイ書店は生き残ることができました。

しかし、やがて第二次世界大戦が始まり、１９４０年、ドイツ軍がパリに入ってきました。ある日、店にやってきて『フィネガンズ・ウェイク』(ジェイムズ・ジョイスの最後の小説)を欲しがったドイツ人将校に、シルヴィアは本を売ることを拒否しました。

すると、２週間後に同じ将校がやってきて、再び『フィネガンズ・ウェイク』はどこだと尋ねます。

ないという答えを聞くと、怒って品物を没収すると脅されました。しかしシルヴィアは、僅《わず》かな時間で、書店そのものをたたんでしまいました。１９４１年のことでした。

シルヴィアは連行され、６カ月間捕虜収容所に入れられます。戻った彼女を友人たちが匿《かくま》ってくれました。やがてパリ解放の日がやってきます。１９４４年夏のことです。

ある日のこと、幾台かのジープの列がやってきて私の家の前で停りました。「シルヴィア！」と叫ぶ太く低い声を私は耳にしました。通りにいる人は皆、この「シルヴィア！」という叫び声に気を惹かれました。

「ヘミングウェイだわ！　ヘミングウェイなのよ！」と、（＊盟友の）アドリエンヌが叫び声を上げました。私は階下に飛んで行くと、互いに激しく抱き合いました。彼は私のからだをもち上げると、ぐるぐる振り回し、私に接吻しました。一方、通りにいる人々や窓から覗いていた人々はやんやとはやし立てました。

感動的な再会の場面です。まるで映画を観ているようです。

このような人生を生きたシルヴィアは、１９６２年に、書店のあったアパートでその生涯を閉じました。

ちなみに、シルヴィアの盟友であったアドリエンヌ・モニエも回想録を残しています。『オデオン通り――アドリエンヌ・モニエの書店』には、ジョイス、ヴァレリー、ベンヤミン、ブルトンなどが登場しますので、シルヴィアの本と併せて読むと楽しいと思います。

さて、ヘミングウェイの遺作『移動祝祭日』に「シェイクスピア書店」という短編が収められています。そこにはヘミングウェイが描いたシルヴィアの肖像が残されています。こんな書き出しで始まります。

> その頃は本を買う金にも事欠いていた。本は、オデオン通り十二番地でシルヴィア・ビーチの営む書店兼図書室、シェイクスピア書店の貸し出し文庫から借りていたのである。（中略）シルヴィアは生き生きとした、彫りの深い顔立ちをしていた。茶色の目は小動物のようによく動き、少女のそれのように活気があった。ウェイヴのかかった茶色の髪は、秀《ひい》でた額《ひたい》から後ろに撫《な》でつけられており、耳の真下、いつも着ている茶色いビロードのジャケットの襟の線でふっさりとカットされていた。とても脚のきれいな人で、優しく、快活で、何事にも関心を持ち、ジョークを交わしたり、人の噂話《うわさばなし》をした

りするのを好んだ。

『モンテレッジォ　小さな村の旅する本屋の物語』

次にご紹介するのは、イタリアの本の行商人たちの話です。ジャーナリストの内田洋子さんが書いた『モンテレッジォ　小さな村の旅する本屋の物語』です。魅力的な装幀の美しい本なので、思わず手に取ってしまいました。

ヴェネツィアの古書店での会話から、物語は始まります。週末になると店に出る先代の店主に、この店の出自を聞いて驚くのです。

「いいえ、私の祖父が創業しましたので、息子でまだたったの四代目です。それに父の家系はヴェネツィアではなく、トスカーナ州が出処でしてね」

トスカーナ州ですって？　フィレンツェ？

いえいえ、と頭を振ってから、晴れ晴れと誇らしげな顔で言った。

「モンテレッジォです」

この会話から、著者の旅は始まります。モンテレッジォについて徹底的に調べ、サイトから関係者にコンタクトして、ついには山のなかにある、その小さな過疎の村を訪ねることになります。

そして何度かの訪問を経て、モンテレッジォの秘密を解き明かすのです。そこに至る過程がじつに見事に描かれていて、自分もその村にいるような気持ちになってくるから不思議です。

そのモンテレッジォの村民が、本の行商に出かけるようになった大きな理由には、以下のような切実な背景がありました。

> 長年、貧しさに慣れてきた村だった。自給自足の暮らしに不足が出れば、男たちは北イタリアの農業地帯へ長期間、働きに行った。しかし一八一六年の異常気象で北部イタリアの農業が壊滅的な被害に遭い、モンテレッジォにも大きな変化が訪れる。
> 〈他力本願では駄目だ。自分たちの力で生活を守らなければ！〉
> しばしば不運は、底力と未来への好機を連れてくる。
> どん底で、村人たちは籠を担《かつ》いだ。売れるものは何でも売ろう。買ってくれる人が見

つかるまで、進もう。売り切れたら仕入れて、もっと前へ行こう。

こうしてやがて本も売ることになります。１８００年代の半ばからは、イタリア統一運動が始まります。情報が欲しい。本が必要になります。ここでモンテレッジォの行商人たちの出番がやってきます。

当時の出版社の多くは小規模で、印刷も行っていた。編んで、小部数を刷り、売る。在庫を抱えている余裕はない。モンテレッジォの人たちは、そういう版元から売れ残りや訳《わけ》ありといった本を丹念に集めて、代わりに売りに歩き始めたのである。

記録によれば、１８５８年当時のモンテレッジォの人口は８５０人でしたが、そのうち71人が、職業は本売りと記載されていたといいますから、すでにかなりの人数になります。イタリアが統一されたのは１８６１年。１８７７年には5年間の義務教育が制度化され、いよいよ読書人口は増えていったわけです。

本の行商人たちの目利きぶり——出版社も一目置く

20世紀の記録によると、本の行商人たちは、春の同じ日に村から旅立っていったといいます。ちなみに一番本が売れた町はボローニャでした。やはり大学町でもあり、当時から本を読む人が多かったのでしょうか。

出版社は規模や有名無名に関わらず、モンテレッジォの行商人たちを大変に重宝した。既成の書店からはけっして知ることができなかった新興読者たちの関心や意見を、行商人たちのおかげで詳細に把握できたからである。大きな町ならまだなんとか市場の動向も読めたものの、いざ地方の小都市ともなると販売網の外である。

これは大変面白いエピソードだと思います。出版もビジネスですから、行商人たちの情報がいかに重要だったかがよく分かります。しかももっと大きな信頼を勝ち得ていました。

ミラノの老舗出版社ボンピアーニの創業者ヴァレンティーノ・ボンピアーニは機会あるごとに、

「モンテレッジォの行商人から本を買うということは、独立への第一歩を踏み出すということでした」

と、言っていた。イタリアの独立運動のことだけを指したのではなく、一人前の大人として自我に目覚める、という意味合いも含めて言ったに違いない。


これだけではありません。ミラノのリッツォーリ出版社の創業者であるアンジェロ・リッツォーリは、なんと行商人たちに校正紙を読んでもらってから、本にするかどうか決めていたといいます。編集者として気持ちは分からなくはないのですが、なんという信頼感でしょう。

さらに、有名なモンダドーリ社の創業者であるアーノルド・モンダドーリは、ミラノの露店に毎朝自社の本を託して、夜に再び売れ行きをチェックに来たそうですから、行商人たちは出版人にとって、非常に重要な存在であったことが分かります。

しかも冬になって行商人たちが帰郷すると、モンテレッジォに出版人が訪問して、翌年の商談をまとめたり、新刊企画の参考にとイタリア各地のお客の反応を聞いたというのです。

本を手に取っただけで、「これはあまり売れないでしょう」「すばらしい出来です」「ヒット間違いなし」と、読まずに次々と言い当ててみせる行商人もいた。まるで本の行く末占いで、どうしたら売れるのか、秘訣を請《こ》いに出版人たちが引きも切らずに詰めかけた。

編集者として、ちょっと信じられない話ではありますが、しかし愉快な気分になってくる話でもあります。本を買う客を一番知っている、いわば書店員ですので、そういう勘が働く行商人もいたかもしれません。

これはこの本全体にいえることですが、イタリアに根を下ろして活動する著者ならではの本の話は、本当に読んでいて楽しいものです。この本を読むもう一つの愉しみは、たくさんの人との出会いが丁寧に描かれていることです。

ウェールズの田舎町に誕生した「本の王国」

さて、最後は、イギリスのヘイ・オン・ワイというウェールズの田舎町を、イギリスから「独立」させて、自ら王になった破天荒な古書店主を紹介しましょう。

リチャード・ブースという人物が築いた「本の王国」が、誕生・発展するまでの詳細が書かれた大変ユニークな本『本の国の王様』です。

過疎化が進むヘイ・オン・ワイで、１９３８年生まれのリチャードが、消防署だった建物を買い取り、古書店を開いたのは１９６２年のことでした。

リチャードは次に、なんとお城を買います。どれだけ本を買っても保管場所に困らないからです。さらに食糧倉庫を購入して、２店目を開くことになりました。やがて映画館だった建物も買い取り、シネマ書店とします。

しかし、いかに精力的に莫大な量の古書を集め続けても、売れなければ仕方がありません。

偶然、従業員の男性から「これからは観光の時代だ」といわれて納得したリチャードは、すぐにウェールズ観光局の局長に会いに行きます。話し合いは大成功でした。リチャードが構想を練っていた「古書の町」計画に、観光局長の応援を取り付けることができたのです。


ある日、サンデーミラーの記者と話している最中に、私は突然、突拍子もないことを口走った。

「ヘイはイギリスから独立する！」

「住民は君の考えを支持してるのかい？」。記者が小鼻をふるわせながら尋ねた。
「ああ、みんな賛成してくれている」。本当はつい五分前に思いついたばかりだった。
「それじゃ、カメラマンを送ろう」

　リチャードの面目躍如です。すぐにカメラマンがやってきて、12人の従業員がにわか作りの国旗を掲げ、吹雪のなかでポーズをとりました。これがきっかけとなり、イギリス中のメディアから取材が殺到します。

　独立宣言の日は１９７７年４月１日と決まりました。関係者による夕食会が開かれ、リチャードは世界で最も多くの本を持つ「リチャード書籍王」となることが決まります。

　笑ってしまうような事態ではありますが、なんと組閣は、パブで５分で終了したといいます。ここまでくれば「痛快」の一語に尽きます。洒落《しゃれ》でやっているのは分かりますが、普通の人間には、なかなかここまではやれません。

　大臣たちの演説が終わると記者たちの質問が飛びます。

「これは真面目にやってるんですか？」

「もちろん違います」。私は思わずむっとして答えた。「しかし本物の政治よりはずっと真面目です」

ところで、余談になりますが、レポーターとして世界を旅していた兼高《かねたか》かおるをご存じでしょうか。すでに故人となってしまいましたが、世界を駆け巡る有名な女性でした。リチャードはある時、その兼高かおるの取材を受けることになります。

「ケネディ大統領やサウジアラビアの国王もインタビューしましたけど、あなたは私がこれまでに会ったなかで一番おもしろい方だわ」と兼高かおるは言ったそうです。彼女はリチャードから、公爵の称号を授与されました。１９７９年には、その兼高かおるの番組に招待されてリチャードは来日を果たしますが、この時に神保町を歩き、丸善にも足を運んでいます。

世界各地に生まれ観光名所となった「古書の町」

１９８０年代に入ると、リチャードはついに破産を宣告されます。結局、なんとか持ちこたえたのですが、この騒動の間に、ベルギーの起業家であるノエル・アンスローという人物が、母国のルデュという森のなかにある小さな美しい村で「古書の町」作りを進めていました。もちろんリチャードも協力しました。

次には、南フランスのモントリューという村が、「古書の村」になるために、ノエルとリチャードにアドバイスを求めてきました。この村を、１９９２年には、当時のミッテラン大統領が視察したといいますから、大きな注目を集めていたことは間違いありません。

さらにオランダやスイス、ついには１９９２年にアメリカでもミネソタ州に、「古書の町」が誕生しました。

リチャードはその後、大病をしますが、なんとか復帰。体調が回復すると「古書の町」に対する意欲が戻ってきます。観光業と書店業を相互的に発展させていくビジネスモデルが大成功を収めたのは間違いありません。ヘイが独立して21年目の１９９８年、リチャード・ブースを皇帝にしようとの声が上がり、ついに皇帝になったのです。

じつはこのヘイ・オン・ワイに、作家の逢坂剛《おうさかごう》さんがわざわざロンドンから足を伸ばして訪問しているのです。『世界の古書店』という興味深い本があるのですが、その冒頭で紹介されています。

この本にはその他にも、ヨーロッパが中心ですが、文字通り世界中の古書店について書かれた文章が満載で、読んでいるだけで楽しくなってしまいます。

日本にも「古書の町」ができたら素敵だと思いませんか。神保町は世界でも有数の古書街ですが、地方の小さな町で、ブースが言うような古書の町ができたら、どんなに素晴らしいでしょう。観光でも栄える場所になるかもしれません。

世界の書店の話はこれで終わります。

最近はよく、書店の置かれた苦境が報道されます。しかし、本の好きな人たちの「場」としての書店がなくなることはあり得ないのではないでしょうか。これだけの伝説的な書店をご紹介した後では、その思いが一層深くなりました。

『世界の不思議な図書館』――ゾウが本を運ぶ⁉　冷蔵庫が本棚？

次は図書館をご紹介しましょう。

私は編集者という仕事柄、図書館にかなり行く方だと思います。学生時代は学校図書館も頻繁に利用しましたし、現在も近くの公共図書館にかなりの頻度で訪れます。いろいろな本が揃っている市立中央図書館は、仕事を含めて気分転換にも最高の場所です。

そんな私でも、驚きで目を瞠《みは》った本があります。最初に紹介する、世界の個性的な図書館を写真付きで紹介した『世界の不思議な図書館』がそれです。

著者はイギリス人のジャーナリスト。とにかく世界中の驚くべき図書館を、写真付きでこれでもかというほど紹介してくれます。

スペインのマドリードの地下鉄図書館、オランダの駅の図書館から始まって、2章はなんと「動物図書館」。ロバやラバ、ラクダが本を運んでくるのです。ラオスのゾウの図書館では、文字通りゾウが本を運んできます。

3章は「小さな図書館」。ニュージーランドの古い冷蔵庫を利用した図書館などなど。とにかくこんな図書館が世界にはあるんだと、ページを繰るごとに驚いてしまう本です。そして図書館というものが果たすべき最初の仕事である「万人に等しく本を届ける」ということが、世界でどのように実践されているのかが、写真とともに解説されています。

楽しい本ですが、それだけではありません。世界には、私たちが存在するのが当然と思っている公共図書館すら、なかなか手が届かない人々がいることを知ることになります。お勧めの一冊です。

ニューヨーク公共図書館は未来をつくる

さて、ドキュメンタリー映画『ニューヨーク公共図書館――エクス・リブリス』をご覧になったことはあるでしょうか。

２０１７年に制作された映画で、日本で公開されたのは２０１９年のことでした。これは、噂に聞いていたニューヨーク公共図書館の真実を、余すところなく伝える一流のドキュメンタリーです。

図書館で行なわれる講演、コンサート、読書会、各種のイベントなどを紹介しつつ、図書館の運営に関する会議の模様なども知ることができます。最初に観た時は驚きの連続でした。というより深甚《しんじん》なる衝撃を受けました。あまりにも日本と違う図書館の在り方が紹介されているからです。

２００３年に刊行された『未来をつくる図書館――ニューヨークからの報告』で、この世界的にも有名な図書館は、詳細に紹介されています。20年ほど前の本ですが、本質に変化はありません。

ここに書かれてあるニューヨーク公共図書館の真実を知ると、私たちの知っている図書館とのあまりの違いに愕然《がくぜん》とすることと思います。なによりも重要なことは、１８９５年に開設されたニューヨーク公共図書館は、公共といってもＮＰＯであって、いわゆる私たちが普通に考える公共図書館とは違うのです。

これはアメリカでも珍しい存在だそうです。市からもお金をもらっていますが、自分たちでも寄付を募り、多種多様なサービスにつなげていくのです。

アクションのための図書館、自立と共生のための図書館

まず最先端のビジネス図書館から紹介しましょう。これこそ日本人には一番衝撃的で信じられない存在であると思います。ニューヨーク公共図書館の4つある研究図書館の一つです。

一般に図書館と言えば「知の殿堂」としての学術的な色彩が強いのに対して、この図書館ではビジネスの成功者が学者になり代わり「賢人」として崇められているのである。こうした演出はシブル（＊科学産業ビジネス図書館）が目指すところと無関係ではない。世界経済の中心ニューヨークがその経済力をさらに強化するために、ニューヨーカーを企業家として育て、キャリアを強化し、ビジネスで成功することを奨励するという明確な目標を掲げる図書館なのである。ここで思索にふけるのは似合わない。むしろアクションのための図書館なのだ。

ここには膨大な資料があり、専門家によるビジネス講座が開かれ、ネットワーク作りの場としても機能しています。この研究図書館のオープンは１９９６年。日本では公共図書館とビジネスは相いれないイメージがありますが、アメリカでの歴史は、20世紀の初頭に遡《さかのぼ》るといいます。

これは、図書館の資源を有効活用して、経済的に自立してもらった方がいいのだという合理的な発想に支えられているからです。

もちろんビジネスだけではありません。ニューヨーク公共図書館は、社会科学や文学などの分野でも、たくさんの人材を育ててきました。

> 若き日の歴史家アーサー・シュレジンガーも、一九四〇年に初めて足を踏み入れて以来、その魅力の虜《とりこ》になった。作家サマセット・モームも好んで利用した。ノーベル賞作家トニ・モリソンや、ノーマン・メイラー、トム・ウルフといった人気作家たちも古くからの常連だ。

ちょっと驚くような面々ではないでしょうか。ビジネスや文学だけではありません。演劇、音楽・舞踏などの研究図書館として、舞台芸術図書館もあります。

その他、ハーレムにある黒人文化研究図書館、本館にある人文社会科学図書館を含め、研究図書館は4館もあるのです。しかも多文化社会ゆえの図書館の役割も、貴重なインフラとして役に立っているのです。


移民を対象とした無料英語教室や、母国とアメリカを結んだ貿易を行なう人に対する支援も充実している。さらに、地域分館は行政情報の窓口として市民が政治に参画し、より民主的な社会が実現できるようなサポートも行なっている。


日本における公共図書館のイメージは、無料で本を借りる、新聞・雑誌を読む、あるいは受験生の自習室、というものしかなかったという著者が、ニューヨーク公共図書館では、予想をはるかに超える在り方に戸惑ったのはよく分かります。

これは映画で観るとより具体的に理解できます。私は彼我《ひが》の差に、誇張でなく呆然《ぼうぜん》としてしまいました。

もちろん、ゾウが本を運んで行かなければならない国や地域もあるでしょう。しかし、日本は先進国です。この本を読み、映画を観ると、公共図書館の持つ可能性とあるべき姿が浮かび上がってくるのです。

この『未来をつくる図書館』の結びで著者が述べていることは、じつは喫緊《きつきん》の課題だと思います。

> 確かに、日本の公共図書館は市民に広く利用され、支持者も決して少なくないが、その一方で、図書館が本来持っている可能性をほとんど生かし切れていないのではないだろうか。大半は図書の貸出しに止まっており、それが「無料貸本屋」と批判される現状もある。今の日本に必要なのは、情報社会における公共図書館の役割を再定義し、図書の貸出しに止まらない様々なサービスを提供できる体制をつくっていくことではないだろうか。

この文章が書かれてから20年近く経っても、残念ながら状況に大きな変化はありません。個人的には、「知の殿堂」としての図書館という定義に、なんら意義を唱える必要はないと思いますが、なによりもニューヨーク公共図書館のような市民へのサービスがもっとあってもいいように思います。

デンマークのにぎやかな図書館は、司書が1時間相談にのる

さて、次はデンマークの図書館を訪ねてみましょう。『デンマークのにぎやかな公共図書館——平等・共有・セルフヘルプを実現する場所』とは、それこそ図書館で偶然に出会いました。素敵な本だと思ってすぐに借り出しました。

そのあとがきには、日本の図書館界では一貫して、北欧の公共図書館を評価してきたことが書かれています。その中でもデンマークを高く評価してきたそうです。

著者は図書館の専門家です。研究のために２００８年８月から８カ月にわたってデンマークに滞在して、現場を取材してまとめたものが本書です。

デンマークの図書館は、当然ですが、アメリカとはまた違った面を持っています。人々は生涯を通じて図書館に通うのです。

> デンマークでは、公共図書館が人びとの日常生活のなかに溶け込んでいる。乳幼児のころは保護者と公共図書館に通い、学齢期に達すると、ごく自然に学校図書館と公共図

> 書館を使い分けることを覚える。学生は、大学図書館と公共図書館を状況に応じて利用しているし、社会人は所属する会社や組織の図書館と公共図書館を利用している。そして、組織から離れた人びとは、再び公共図書館に通うようになる。

つまり、生涯を通じて公共図書館に通うのです。ですから公共図書館は、地域の文化センターとしての役割も担っています。講演会、映画の上映会、コンサート、読書会、語学講座などに加えて、最近では健康相談や法律相談をするところも増えてきているということです。このあたりはアメリカとも事情が似ているようにも思えます。

そしてデンマークは、世界的に見ても、最も図書館ネットワークが発達した国だそうです。図書館連携というアイデアが出現したのは、20世紀初頭だそうですから、１００年かけて世界に誇るシステムが完成したということになります。

読んでいて羨《うらや》ましく感じることもたくさんあります。図書館の司書に質問する人があまりに多いので、利用者が番号札を引いて待つというシステムが２００８年に始まったそうですが、司書が30分から1時間もかけて、利用者の相談にのるというのは本当に素晴らしいと感じます。もちろん日本でも司書に助けられることは多いのですが。

スウェーデン、ノルウェー、フィンランド……北欧の先を行く図書館に学ぶ

もう一つ、デンマークの図書館で羨ましいことがあります。ほとんどの公共図書館では飲食が許されている点です。自分の持ち込んだ飲み物やランチを取りながらの利用もできるのです。なんだかリラックスした気分になれそうな気がしませんか。

さらに、これはすごいなと思ったのは、自分の求める資料が他の図書館で見つかった場合には、デンマーク国内であれば、無料で届けてもらえることです。

私自身、最近、ある本が資料として必要になり、遠い場所にある図書館から配送してもらいましたが、かなり高額な配送料は自分持ちでしたし、なんと郵便切手で配送料を支払わなければなりませんでした。恨み言を書いているのではありませんが、図書館という公共のサービスに、もう少しお金をかけてもいいのではないかと思うのです。

デンマークの公共図書館は、カフェを設けている所が多い。コペンハーゲン中央図書館のカフェは入り口を入ってすぐ右側にあり、二〇名ぐらいが座れる広さとなっている。普通の椅子のほかにゆったりくつろげるソファが置いてある一角もあって、コンピュー

夕を使って長々と作業する人がいつも占拠している。

図書館のなかにカフェがあるのもいいですね。軽食も取れるそうですから、こういう場所はぜひ欲しいと思います。

もう一つ、「公共貸与権」についても著者は触れています。公共貸与権とは、作家の作品が無料で読まれてしまうことによる損失を、補償金として作家が受け取る権利のことです。デンマークがこの制度を導入したのは１９４６年のことで、世界で最も早かったそうです。ついでノルウェー、スウェーデンが続きます。ちなみに日本ではこの制度はまだ導入されていません。

この本の後に、３冊の北欧の図書館について書かれた本が、同じ出版社から刊行されています。『読書を支えるスウェーデンの公共図書館——文化・情報へのアクセスを保障する空間』『文化を育むノルウェーの図書館——物語・ことば・知識が踊る空間』『フィンランド公共図書館——躍進の秘密』。どれもとても興味深い内容です。

さて、そろそろ図書館に出かけてみましょうか。

【Ⅲ 世界の書店と図書館を巡る旅】の
ブックガイド

『書店本事——台湾書店主 43 のストーリー』郭怡青著、小島あつ子・黒木夏兒訳、サウザンブックス社
『世界の書店を旅する』ホルヘ・カリオン著、野中邦子訳、白水社
『チャリング・クロス街 84 番地　増補版』ヘレーン・ハンフ著、江藤淳訳、中公文庫
『続・チャリング・クロス街 84 番地——憧れのロンドンを巡る旅』ヘレーン・ハンフ著、恒松郁生訳、雄山閣
『シェイクスピア・アンド・カンパニイ書店』シルヴィア・ビーチ著、中山末喜訳、河出文庫
『オデオン通り——アドリエンヌ・モニエの書店』アドリエンヌ・モニエ著、岩崎力訳、河出書房新社
『移動祝祭日』ヘミングウェイ著、高見浩訳、新潮文庫
『モンテレッジォ　小さな村の旅する本屋の物語』内田洋子著、方丈社
『本の国の王様』リチャード・ブース、ルシア・スチュアート著、東眞理子訳、創元社
『世界の古書店』川成洋著、丸善ライブラリー
『世界の不思議な図書館』アレックス・ジョンソン著、北川玲訳、創元社

『未来をつくる図書館――ニューヨークからの報告』菅谷明子著、岩波新書
『デンマークのにぎやかな公共図書館――平等・共有・セルフヘルプを実現する場所』吉田右子著、新評論
『読書を支えるスウェーデンの公共図書館――文化・情報へのアクセスを保障する空間』小林ソーデルマン淳子・吉田右子・和気尚美著、新評論
『文化を育むノルウェーの図書館――物語・ことば・知識が踊る空間』マグヌスセン矢部直美・吉田右子・和気尚美著、新評論
『フィンランド公共図書館――躍進の秘密』吉田右子・小泉公乃・坂田ヘントネン亜希著、新評論

IV

「短編小説」から始める世界の古典文学

「長編作家への苦手意識」を克服させてくれる魅力的な短編たち

「ちょっと長いまえがき」で書いたように、若い読者から「長編小説で挫折した話」を聞くたびに、私は同じ作家の、基本的には短編、場合によっては中編を読むことを勧めています。「え、でも代表作を読みたいじゃないですか」と言ったのは、まえがきに登場した従兄弟の娘さんです。彼女にはフローベールの短編集『三つの物語』とゾラの短編集『オリヴィエ・ベカイユの死／呪われた家』を勧めたことは書きました。

今は大学生になった彼女に先日、聞いてみると、なんと『感情教育』と『ナナ』を読了したというではありませんか。何の屈託もなく「面白く読めましたぁ」と言われた時は、またうれしくなってしまいました。苦手意識は割合に簡単に克服できるのだなあと思ったのです。

これは老若男女問わずいえることです。じつは私自身も同じことを感じていました。

彼女が外連味《けれんみ》なく語ったことは、ドストエフスキーも含めて、長編作家だと思われている作家たちの作品に、短編や中編から入ることの大切さを物語っていると思います。

もちろん、長編から読める方は、いきなり挑戦していただいてなんら問題はありません。そして長編読了後に短編集を読むと、また違った味わいがあって、これも得がたい読書経験になることと思います。また、この章では、いわゆるネタバレを含む紹介があることを御承知おきください。

文学関係者たちも発信――『「罪と罰」を読まない』

長編小説を読むことは、読書人の証《あかし》ともいえるとよくいわれます。日本文学に較べて海外文学は、壮大なスケールに満ちたあまりに長い長編小説が多いのも事実です。

なかでも長編小説の代表といえば、誰しもドストエフスキーの五大長編を思い浮かべるのではないでしょうか。

作家の三浦しをんさんと翻訳家の岸本佐知子さん、クラフトエヴィング商會の吉田《よしだ》篤弘《あつひろ》さんと吉田浩美さんの4人の著者による『「罪と罰」を読まない』という秀逸なタイトルの本があることをご存じでしょうか。

文字通り読まずに語り合う本なのですが、これがドストエフスキーの本質に迫っていて非常に面白い本です。

光文社古典新訳文庫では、『未成年』全3巻の刊行をもって「ドストエフスキー五大長編」が完結しました。『カラマーゾフの兄弟』は全5巻累計で120万部以上刊行されています。

いずれも亀山郁夫さんの新訳で、評判の高い作品ですから、長いからといっても単純に読まれないというわけではないこともよく分かります。

しかし、しかしです。編集者である私自身の経験からいっても、挫折することが一番多いのが長編ではないでしょうか。

まずはドストエフスキーの短編・中編から

古典新訳文庫では長編作家の短編集が用意されています。そのなかには短編といっても中編に近いものもありますが、いわゆる大長編と較べてみれば読みやすさは抜群ですので、同時に取り上げることにしました。

ということで予想通りかもしれませんが、まずはドストエフスキーの中短編集からご紹介しましょう。

安岡《やすおか》治《はる》子《こ》さんの新訳による『白夜／おかしな人間の夢』がそれです。全部で5作品が収められています。

お読みになった方もいるとは思いますが、「白夜」はナイーヴな青年の悲しい恋の物語です。

訳者の安岡さんは「物語の結末も、男性主人公の失恋に終わるとは言え、恨みつらみや絶望、自暴自棄とは無縁の、ドストエフスキーにしては珍しい、せつなくも清々しい感動を与える珠玉の名編と言えよう」と評しています。

私も個人的に若い頃から好きな作品ですが、今回読み直してみて、これもまたドストエフスキーの小説なんだなあ、と感慨深く思いました。あとがきで安岡さんが書いている言葉をご紹介しましょう。

> 本書に選んだ作品は、不思議にどれもせつないながらも、そこはかとなく明るさが感じられるものではないだろうか。ドストエフスキーと言えば、暗く重く辛い作品ばかりだと思っておられる読者は、意外な印象を抱かれたかもしれない。

安岡さんの指摘する通り、ほとんどの読者が、ドストエフスキーといえば、暗く重いという先入観を持ってしまいますが、この中短編集は、そんなドストエフスキー像を根本から変える力を持っています。お勧めするゆえんです。

こういう作品から入れば、世界最高峰の小説といわれる長編にも挑戦できると思います。

「らしくない」ドストエフスキー……多面的な魅力に出会える作品たち

この本に他に収められている中短編も、素敵な作品ばかりですが、私が個人的に好きな作品は「百姓のマレイ」という短編です。

ドストエフスキーと思しき主人公の「私」が、シベリアに流刑になっていた時のことを思い出して書いているという設定になっています。

『死の家の記録』を読んだ方は、あの本に書かれている囚人たちのあまりに粗暴で個性的な人間像を思い出すかもしれません。

少しストーリーをご紹介しましょう。

粗野な振る舞いをする囚人たちに辟易《へきえき》していた29歳の「私」は、ある日、突然9歳の時のことを思い出します。自分の家のそばの茂みで昆虫採集をしていると「狼が来るぞ！」という声を聞くのです。

驚愕のあまり、近くで地面を耕していた百姓のマレイに助けを求めます。「狼が来るんだよ！」

しかし、やがて、それが空耳であることが分かります。落ち着きを取り戻した「私」は百姓のマレイに「もう行くから」と告げます。

「さあ行きなされ。わしが後ろから見ていてあげるで。狼なんぞに、来させるもんか！」と、相変わらず母のごとき微笑みを浮かべながら言い足した。「キリスト様が一緒にいてくださるでな。さあ行きなされ」。そして、私に向かって手で十字を切ってくれ、自分も十字を切った。

マレイはその後も「私」のことをずっと見送ってくれました。マレイは家の私有農奴で、自分は旦那の坊ちゃんでした。しかし、この貧しい農奴の優しい微笑を、20年後のシベリアで「私」は突如として思い出すのです。

　貧しい農奴のあの優しい母のごとき微笑、彼の切ってくれた十字、「そりゃあ、おったまげたんだな、可哀相になあ！」と言いながら頭を振ったこと。そしてわけても、土で汚れたあの太い指で静かにそっと優しく私の震える唇に触れたことが、いま蘇《よみがえ》ったのだ。むろん、誰でも子供を励ますことはあるだろう。しかし、あの時の二人きりの出会いの中で起こったのは、いわば何かまるきり別のことだった。（中略）それにしてもあの出会いは、他に誰もいない野原での二人きりのものだったのだから、粗野で野獣のように無知なロシアの農奴、しかも当時は自身の自由など、まだまったく期待も予想もできなかった農奴の、あの者の心が、どれほど深い教養溢《あふ》れる人間味豊かな感情と、繊細でほとんど女性的とも言うべき優しさに満ちていたかを、おそらく天上からご覧になっていたのは、神様だけだったただろう。

こういう心理描写は、小説家としてのドストエフスキーの最も優れたところではないでしょうか。

そして「私」はこの思い出のおかげで、周囲にいる囚人たちをまったく違う目で見ることができることに気づくのです。

彼らもまた、あのマレイと同じかもしれないではないか。つまり根本には、あの優しさが潜んでいるのだということを理解するのです。これは大きな回心につながります。

他の短編も、「らしくないドストエフスキー」の作品ばかりです。そもそも「らしいドストエフスキー」というのは、何でしょうか。多面的な作家をあまりに単純にイメージを作り過ぎていたようにも思います。

ドストエフスキーには、アンリ・トロワイヤの書いた『ドストエフスキー伝』がありますが、こういう短編集を読んだ後では、妻アンナの『回想のドストエフスキー』に書かれている、この作家が嫉妬するところや、意外な一面も興味深いものになるでしょう。

作家として、人間として、ドストエフスキーは極めて複雑な人間であったことは、ある意味当然なのですが、それを思い出す意味でもお勧めの評伝です。

何度も挫折したトルストイも、まずは中短編から

ドストエフスキーが登場したら、トルストイの作品ももちろん取り上げなければならないでしょう。

２０２１年秋、古典新訳文庫でトルストイの『戦争と平和』全6巻が完結し、この新訳をもって、私も生まれて初めて読了することができたことはすでに書きましたが、周囲からは「ええ?　とっくに読んでいると思っていました」とひどく驚かれました。

いえいえ、挫折の連続だったのです。

前にも書きましたが「人生に手遅れはない」と思っています。優れた新訳が登場すれば、読了できる読者も増えていくでしょう。

なによりも、古典新訳文庫の創刊時の1冊であった『イワン・イリイチの死／クロイツェル・ソナタ』の中編2作を読んでいたことも、今回の読了につながったと思っています。もちろん50代で読んだ新訳『アンナ・カレーニナ』にも深い感銘を受けました。

どれも望月哲男さんの清新で明晰な訳文に負うところが大ですが、『イワン・イリイチの死／クロイツェル・ソナタ』という助走があったことは大きいと思います。

「壺のアリョーシャ」の、なぜか心に残る人物造形

今回は短編「壺のアリョーシャ」をご紹介しましょう。

２０１６年に刊行された集英社文庫ヘリテージシリーズの『トルストイ』に、覚張《かくばり》シルビアさんの新訳が収められています。

編者の加賀《かが》乙彦《おとひこ》さんの要約を引用しましょう。

> 両親の言いつけを忠実にする末っ子のアリョーシャの話である。彼が「壺」と呼ばれるのは、母親の言いつけで牛乳の壺を輔祭《ほさい》（＊司祭の仕事を補佐する人）の妻に届けさせたときに、躓《つまず》いて壺を壊してしまったからだ。アリョーシャは、子供たちに馬鹿にされて

> も、陽気で笑っていた。父に叱られれば黙って聴いていた。十九歳のときに、ある商人にやとわれたが、身なりが貧しいし、言葉遣いが乱暴なので、礼儀作法を知らないと好かれなかった。しかし、仕事はよくするし、いつも微笑んでいた。給料は全部父親がもっていくので、アリョーシャはいつも一文も持っていなかった。屋根の雪おろしをさせられたとき、足を滑らして出口の上に落ちた。彼は全身が痛かったが、黙っていた。そして、三日目に黙って死んだ。

「イワンの馬鹿」にも通じる、いかにもトルストイらしい人物造形だと思うかもしれません。

この作品を書いた時、トルストイは77歳でした。

加賀さんの文章には出てきませんが、じつはこのアリョーシャに恋人ができるのです。料理女のウスチーニヤという女性が、アリョーシャに好意を寄せ、アリョーシャも彼女が好きになり、結婚を申し込むのです。

しかし、周囲の反対でこの話はなかったことにされました。物語の最後には死の床にあるアリョーシャにウスチーニヤがこう話しかけます。

「何だい、まさか逝ってしまうのかい？」とウスチーニヤは尋ねた。

「仕方ないよ。いつまでも生きられるわけじゃなし。いつかはその時がくるんだ」とアリョーシャはいつものように早口で言った。「ウスチューシャ、憐《あわ》れんでくれてありがとな。結婚するなと言われてよかったんだ。だってもう死ぬんだから。これでよかったんだよ」

彼は司祭と共に、ただ手を合わせ、心で祈った。彼の心にあったのは、人の言うことを聞き、怒らせなければ、この世でうまくいったのと同じように、あの世でも大丈夫だろうということだった。

彼はあまり話さなかった。ただ、水を飲みたがり、ずっと何かに驚いている様子だった。

何かに驚いて、伸びをし、そして死んだ。


私はこのラストが何度読んでも心に残ります。そして、本書の44ページでご紹介した、ロシアの近代出版の礎を築いたスイチンの自伝『本のための生涯』に出てきた、本の行商人たちと話す農民服を着たトルストイの姿が浮かんでくるのです。

アメリカ文学――難解な『白鯨』のメルヴィルに近づくための中編3冊

さて、ロシアから離れてアメリカに行きましょう。

アメリカ文学の古典といえば、何といっても『白鯨』でしょう。じつは、『白鯨』を読了するのにどれほどの時間を費やしたかを嘆く読者にたくさん会ってきました。

ところが、古典新訳文庫で『ビリー・バッド』という遺作と、『書記バートルビー／漂流船』という作品の新訳を読んだ時に、そうか、こういう作品を書くこともある作家なのかと理解できたのです。

ビリー・バッドという名の、誰からも愛された水兵が、不条理な理由により処刑される『ビリー・バッド』。そして奴隷船の反乱を描いた「漂流船」も優れた作品ですので、一読をお勧めしますが、「書記バートルビー」は、じつに奇妙な小説だといっても過言ではないと思います。

というより、こんな奇妙な小説は読んだことがないというのが最初の感想でした。

メルヴィルの、奇妙なようで、じつに今日的な中編小説「書記バートルビー」

法律事務所に新しく雇われた書記のバートルビーは、じつに一生懸命に法律文書を筆写します。

しかし、確認のための読み合わせをしようとすると「わたくしはしない方がいいと思います」と言って拒否してしまうのです。しかもちょっとした用事を頼まれても同じセリフを吐いて拒否します。

やがて仕事そのものも拒否するようになり、事務所の所長は解雇しようとするのですが、事務所に住んだまま出ていかないバートルビーに業を煮やして、事務所そのものを移転してしまいます。

ですが、それでも前の事務所から出ていかなかったバートルビーは、浮浪者として警察に捕らえられ、刑務所に送られます。所長は会いに行くのですが、バートルビーは食事も拒んで死んでしまうのです。

これを「不条理」という言葉で表現するのは簡単過ぎるような気がします。「わたくしはしない方がいいと思います」というセリフは、今やかなり有名ですが、物語の語り手である法律事務所の所長との刑務所でのやり取りは心に残ります。

「バートルビー！」

「わたくしはあなたを知っています」彼は振り向きもせずに言いました。「そしてあなたには何も言いたくはありません」

「君をここ（＊刑務所）へやったのは私ではないよ、バートルビー」私は言いました。彼の暗黙の疑念に鋭い痛みを感じていたのです。「それに君にとって、ここはそんなにひどい場所ではないはずだ。ここにいるからといって、君が非難されるようなことは何もないし。それに、ほら、ここは人が思うほどわびしい場所ではないよ。見てごらん、空も見えるし、ここには芝生もある」

「わたくしは、自分がどこにいるかは知っています」彼はそう答えましたが、それ以上何も言おうとしなかったので、私は彼の許《もと》から去りました。


この後、バートルビーは何も食べずに弱っていきその生を終えるのですが、この小説の最後はこういう終わり方をしています。

ああ、バートルビー！　ああ、人間の生よ！

この作品を読み、さらに先に挙げたもう2編を読んでから『白鯨』に再挑戦すると、違った読み方ができるようになると思います。

つまり、19世紀的なリアリズムの作家ではなく、極めて今日的な作品を書いた作家であることが分かるのです。

三島由紀夫の分析――日本の短編小説と西洋の短編小説との違い

さて、突然ですが、再び三島由紀夫の登場です。三島由紀夫の『文章読本』に、短編小説の文章について書いた一節がありますのでご紹介しましょう。

> ヨーロッパの近代詩人たちが、詩で表現しようと思うことを、日本の現代作家は短篇小説で表現したのであります。ですから日本の短篇小説の最高のものは、ヨーロッパでならば散文詩として書かれたものに近いものもあります。（中略）
>
> 西洋では短篇小説という区分は、長篇小説即ちロマーンあるいはノヴェルに対して、

ノヴェレットという形もあれば、ショート・ストーリーという形もあれば、フランスのコントという形もあります。英国系のショート・ストーリーという考え方は、かなり包括的な見方であって、文学の質とは関係なく、かなり文学的な短篇小説から、落ちのきいた通俗的な短篇も一括して含めていくし、フランスのコントもリラダンのような哲学的短篇（『残酷物語《コント・クリュエール》』）やフロベールの『三つの短篇《トロワ・コント》』のような醇乎《じゅんこ》たる芸術的短篇から、モーパッサンの沢山のコントを含む、大体において首尾一貫した話をもって、単純な筋をもって終末に落ちに類したものがついているような、一つの文学形式として考えられています。

さすがに西洋文学に通暁《つうぎよう》した三島の分析です。日本の短編との違いは、極めて鋭い分析だと思います。

それでは、ここに挙げられているフローベールの『三つの短篇』（古典新訳文庫では『三つの物語』）から、ここでは「聖ジュリアン伝」をご紹介しましょう。ちなみに最初の短編「素朴なひと」は、すでに従兄弟の娘さんに話して聞かせた話を「ちょっと長いまえがき」で触れました。

「聖ジュリアン伝」——多くの人が魅せられた、フランスでは大変ポピュラーな短編

「聖ジュリアン伝」の舞台は中世。素晴らしい狩りの腕前を持つ主人公ジュリアンは、領主の息子ですが、動物を殺すことに一種独特な血生臭い官能性を感じる資質を持っています。ある日、鹿の一家と出会います。まず小鹿を射殺し、それから母鹿の胸に矢を射ち込み、最後に大鹿の額に矢を放ちます。

> 大鹿は矢の痛みを感じていないかのようだった。仲間たちの屍骸《しがい》を踏みこえて、真っ直ぐにこちらへと歩を進めてくる。角先で腹をえぐるつもりなのだ。ジュリアンは言い知れぬ恐怖に全身を包まれ、後ずさりをした。だが、驚異の巨獣は、そこまでで足を止めた。そして、燦然《さんぜん》と眼を輝かせ、長老のように、裁き主のように、おごそかに、遠くで鐘を打つ音が続いている間に、三度こう繰り返した。
> 「呪われし者よ、呪われし者よ、呪われし者よ。荒ぶる魂を持つ者よ。いつの日か、お前は、お前の父母《ちちはは》を殺《あや》めるだろう」
> 大鹿は膝を折り、静かに瞼《まぶた》を閉じると、そのまま息絶えた。

この宣告にジュリアンは驚愕し、声も出ませんでした。そして当然、深く苦悩するのですが、ある夏の夕方、コウノトリを狙って槍を投げたつもりが、なんとコウノトリと思ったものはじつは母の被《かぶ》り物だったのです。

あやうく母の命を奪いそうになったことを知ると、ジュリアンは戦慄《せんりつ》します。すぐに城を離れ放浪の旅に出て傭兵になります。

やがて一人の王女と出会い結婚することになりますが、悲劇的な運命が彼を襲います。なんとジュリアンを探しにきた老いた両親を、大鹿の予言通り、誤解から殺してしまうのです。

自分が両親を殺害したことを知って再び放浪の旅に出たジュリアンは、川の渡し守になるのですが、ある日、ひどい癩病《らいびょう》（＊＊）を患っている男を乗せ、自分の小屋に連れて行って食事を与えます。

それから寒さを訴える男の願いを聞き入れ、裸になって彼を抱きしめ温めてあげるのです。

その男は、じつは主イエスでした。そしてジュリアンは主イエスに抱かれたまま昇天するのです。

ジュリアンは聖人に列せられます。谷口亜沙子さんの訳文も見事ですので、ぜひとも読んでいただきたい一冊です。

谷口さんはあとがきで、この『三つの物語』が、フランスの本屋さんであればかなり小さな店であっても、一冊は置いてある大変ポピュラーな作品であること、そして中学校や高校の教科書に使われることも多い作品であることに触れています。ちょっと羨ましく思えてきます。

ゾラの短編「シャーブル氏の貝」

フランス文学を続けましょう。ゾラを読んだことがありますか。『居酒屋』『ナナ』などの長編で知られる、フランスの自然主義文学を代表する作家であり、ドレフュス事件の際は、「私は告発する！」と声を上げた勇気ある知識人としても記憶されています。

『オリヴィエ・ベカイユの死／呪われた家』の訳者の國分俊宏さんがあとがきで書いているように、ゾラはフランスでは現在でも非常に人気の高い作家なのですが、日本では最近、あまり読まれていないことを私も残念に思っていました。

この短編集はそういう意味でも画期的だと思います。

計5編が収められていますが、私が一番好きな「シャーブル氏の貝」を取り上げたいと思います。

シャーブル氏は実業で成功したブルジョアで、若い妻を娶《めと》ります。しかし4年経っても子どもができません。医師のアドバイスは「貝を食べなさい」というものでしたので、海辺の町へ妻のエステルと出かけて滞在します。

そこで夫婦は、若い男性エクトールに出会って親しくなり、やがて青年は妻に恋をします。なんだあ、フランス文学の常道じゃないかといわれればそうなのですが、そこからがゾラのすごいところで、このありがちな設定を、自然描写を含めてじつに見事な小説に仕立て上げていくのです。

妻のエステルとエクトール青年が海に入るシーンを紹介しましょう。

> 二人はすべるようにゆっくりと進んだ。こうして同じ波の中に包まれていると、まるで二人だけの官能的な秘密を共有しているようだった。エクトールは、エステルの後を追って進み、彼女が残した水の軌跡の中に身を置いて、その同じ流れの中で、彼女の体の温かさを感じようとした。

それこそ大変官能的な描写ですが、この文章を読んで感嘆の念を抑えきれませんでした。

さて、ある日、出かけた海岸の断崖の下にある洞窟にいた妻と青年は、潮が満ちて、しばらく戻れなくなります。シャーブル氏は仕方なく、潮が引くまでその断崖の上で、例によって医師に勧められたカサガイという貝を食べながら待っています。

その時、妻と青年が洞窟のなかで何をしていたかは想像がつきますよね。パリに戻った妻は9カ月後に男の子を産みます。シャーブル氏は狂喜乱舞します。

> シャーブル氏は大喜びでギロー医師のところへ報告に行った。そして自慢げにこう繰り返したのだった。
> 「カサガイですよ。間違いありません！　ええ、ある晩に、かご一杯のカサガイを食べたのです。いやはや！　なんとも奇妙な状況だったんですがね……。それはともかく、先生、まさか貝がこんなに効果を発揮するとは、ちっとも思いませんでしたなあ」

なかなか味わいのあるエンディングではないでしょうか。いかようにも解釈は可能ではありますが、抜群の筆遣いだと思います。

こういう短編を読むと長編も読んでみたくなりませんか。ゾラという作家がぐっと身近に感じられるはずです。

バルザックの怖ろしいほどの筆遣いに一気読み――短編『グランド・ブルテーシュ奇譚』

『グランド・ブルテーシュ奇譚』はバルザックの書いた短編小説です。次から次へとフランスの偉大な作家たちが登場しますが、まったく怖れる必要はありません。

主人公の「わたし」は医者として、ある金持ちの夫人の治療のために、ヴァンドームという美しい町に滞在していました。ある時、打ち捨てられた古い屋敷を見つけます。

この奇妙な屋敷に魅せられた「わたし」は、庭に勝手に入り込んで時を過ごします。そんなある日、滞在している宿に公証人が訪ねてきて、その屋敷、グランド・ブルテーシュ館の庭に入ることを禁じるという宣告をされます。館に住んでいた貴族の奥さんの遺言だというのです。

宿のおかみさんから、館に住んでいた夫婦の詳細を聞くことができました。そして戦争捕虜としてこの町に連れてこられたスペイン人の青年貴族のことについても話を聞くのです。

その青年はある日、忽然《こつぜん》と宿から姿を消したことが分かりました。「わたし」はさらに、かつてグランド・ブルテーシュ館の奥さんのところで働いていて、今はこの宿の女中をしているロザリーという女性から、事の次第を聞くことができたのです。

それはこんな話でした。

グランド・ブルテーシュ館のメレ夫人は、具合が悪いといって3カ月の間、1階の部屋で一人で寝ていました。夫は2階で寝ていたのですが、ある日ビリヤードの勝負で大負けした晩に、妻と久しぶりに少し話そうと思い、妻の寝室へ行きました。すると、部屋にある衣装部屋の扉の閉まる音が聞こえたような気がしたのです。誰かその小部屋にいるのかと夫が問うと、妻からは「いいえ」という答えが返ってきます。

> 彼は立ち上がって、小部屋の扉を開けようとした。すると妻がその手をぐっとつかんで押しとどめ、悲しげに彼を見つめると、妙にうわずった声でこういった。
> 「だれもいなかった場合には、わたしたちはこれまでですわね」

うまいですね、さすがバルザックです。ここまで言われたので、夫は扉を開けることを断念しますが、ここからがこの小説のクライマックスになります。

夫はそんな時間にもかかわらず、左官屋を呼んで、衣装部屋の扉をふさぐに足りるレンガを持って来るように命じます。メレ夫人の顔がかすかに青ざめます。もちろん、その小部屋にはメレ夫人の愛人であるスペイン人の青年貴族が潜んでいたのです。

職人が気を利かせて小部屋の扉の窓ガラスを割った一瞬だけ、メレ夫人は中にいる青年に「希望をすてないで」とうなずくことができました。

朝4時には作業は終了しましたが、夫は妻の部屋で寝ました。その後、夫が出かけると言ったのを真に受けて、夫人は青年を救い出すために壁を壊そうとしますが、じつは夫は出かけていませんでした。妻を罠《わな》にかけたのです。

それから20日間というもの、残酷な夫は妻のそばを片時も離れませんでした。何日間かは、小部屋から物音が聞こえ、妻が助けてと懇願しても、夫はこう言うだけでした。

「あそこにはだれもいないと、きみは十字架にかけて誓ったではないか」

怖い小説でしょう？　バルザックの筆遣いのうまさは、この短編を一気読みさせてしまいます。

この妻の浮気に対する夫の仕打ちの残酷さは、日本の小説ではちょっと味わうことのできない凄惨さがあります。こういう短編をいくつか読んで、バルザックの作風に慣れてくると、きっと長編も読むことができると思います。

長編のイメージがある20世紀ロシアの作家ソルジェニーツィンの短編集

さて、19世紀文学の王道の作家ばかりを取り上げてきましたが、時代を20世紀に移しましょう。

20世紀ロシアの長編作家といえば、有名な『収容所群島』を書いたソルジェニーツィンではないでしょうか。そんな彼の短編を集めた『ソルジェニーツィン短篇集』があります。

私の好きな作品は、冒頭にある「マトリョーナの家」です。

ソルジェニーツィンというと、ソ連体制に激しく抗議をした政治的な意味合いを持つ作品を連想する人がほとんどだと思いますが、この作品はまったく違う味わいが魅力です。訳者あとがきをご紹介しましょう。

私たちはマトリョーナを描く作家の筆に一見チェーホフ的なものを感じるかもしれない。

だが、注意ぶかく眺めてみると、ソルジェニーツィンの筆は意外に激しいものがあり、〈善良さ《ドブラター》〉の化身ともいうべきマトリョーナという女性を積極的に押しだそうとしていることを発見する。特に、物語のしめくくりとして語られる数行は、作家がマトリョーナを単なる片田舎の名もない一老婆としてではなく、ロシア女性の一種の理想像として、全ロシア、否、地球全体をも支える〈義人〉の一人として讃えていることを明らかにしている。

その最後の数行を紹介しておきましょう。

　われわれはこのひとのすぐそばで暮しておりながら、だれひとり理解できなかったのだ。このひとこそ、一人の義人なくして村はたちゆかず、と諺《ことわざ》にいうあの義人であることを。

　都だとて同じこと。

　われらの地球全体だとても。

短編集から入る21世紀の韓国文学――パク・ミンギュ「そうですか？　キリンです」

それではアジアの21世紀文学の短編もご紹介しましょう。

私が個人的にも大好きな作品は、パク・ミンギュ（１９６８～）という韓国の作家の『カステラ』という短編集に収められている、「そうですか？　キリンです」という作品です。

経済的に恵まれない家庭の高校生が、夏休みにいろいろなアルバイトを掛け持ちして家計を支えています。ガソリンスタンドやコンビニなどのアルバイトに加えて、先輩が紹介してくれたのは、満員電車に乗客を無理やり押し込むという「プッシュマン」という仕事でした。

わが国でも昔はそんな光景が見られたことがありましたが、90年代の韓国でも同じことがあったのです。現在はそういう混雑は解消されたという注がついていますが、日本とまったく同じような光景が見られたのです。

ある日、主人公の「僕」が乗客を押し込んでいると、小さな商社に勤める父がそこにいました。「僕」は、父を無理やり押し込んで電車に乗せてやるのです。それが何度も繰り返されます。

そんなある日、母が病気になり、働けなくなってしまったので、担任の教師の計らいで朝の授業を免ぜられてプッシュマンに戻ります。父の会社の状況も厳しくなって他の会社を探していると聞かされ、アルバイトにさらに精を出す日々が続きます。

ところが、この父がある冬の日に消えてしまうのです。どこを探してもいないのです。

春になり、母が退院して生活はなんとか成り立つようになるのですが、ある日、主人公の「僕」は仕事の後で、向かいのホームに端正なスーツ姿のキリンを見つけます。キリンはホームのベンチに腰かけました。

「僕」はキリンが失踪した父であることを確信します。すぐにそばに行って話をします。

> 僕一人が泣いていた。不思議にも涙が止まらない。父さん……僕は胸の中にしまっておいた言葉を取り出し、キリンの膝の上に自分の手をおいた。震える掌《てのひら》ごしに、自分の手で押したからこそ憶えているスーツの質感がそのまま伝わってきた。雲の影がそそくさと通り過ぎていく。キリンは相変わらず何の反応もみせなかった。父さん、父さんだろ？

反応がないので「僕」は家の近況について報告します。そしてキリンに父親であることだけでも答えてくれと懇請《こんせい》するのです。

無関心な、しかし灰色の瞳がようやく僕をじっと見つめた。キリンは自分の前脚を僕の手の上に重ね、ゆっくりと、こう言った。

そうですか？　キリンです。

短編ならではの素晴らしいエンディングだと思います。ちなみにこの『カステラ』は、2015年に第1回日本翻訳大賞を受賞しています。

作者のパク・ミンギュという作家の魅力的な短編集である『短篇集ダブル　サイドA』と『短篇集ダブル　サイドB』は、斎藤真理子さんの見事な訳で読むことができます。

こういう短編集から、現代韓国文学の豊穣《ほうじょう》な世界に入っていくことをお勧めします。

チベット文学も短編から――日本が舞台「遥かなるサクラジマ」

ちなみに現代アジア文学ではもう一つお勧めがあります。チベット文学の『路上の陽光』です。ラシャムジャという作家の短編集ですが、白水社から発売されて評判になった『「その他の外国文学」の翻訳者』の一人である星泉《ほしいずみ》さんが翻訳しています。

これまではなかなか遠い存在であったアジアの現代文学、とりわけチベット文学なども、こういう短編集を読むことで一気に身近な存在となります。

最後の短編の題名は「遥かなるサクラジマ」。もちろん日本を舞台に、チベット人の女性の哀しみと希望を描いた味わい深い短編です。

こういう作品を読めるようになったことはとても幸福なことだと思います。

短編小説は、長大な古典文学の入門としても最良のテクストですが、同時に世界文学の最先端を知る上でも、最もとっつきやすい小説の形式であることは間違いありません。

さあ、苦手な分野の小説も、初めて読む外国文学も、短編から始めてみましょう。きっと楽しく読めるようになりますよ。

（＊＊）『三つの物語』「聖ジュリアン伝」が成立した当時、この病気は伝染性の強い病とみなされ、患者は社会から排斥されたり隔離されたりするなど差別的な生活を強いられていました。また第二次世界大戦後に特効薬が普及し完全回復が可能になったのちも、日本では１９９６年に「らい予防法」が廃止されるまで同様の政策が残っていたのはご承知の通りです。現在ではハンセン病と表記しますが、作品の時代背景および文学的な意味を尊重して当時の呼称を使用しました。差別の助長を意図するものではないということをご理解ください。

【Ⅳ「短編小説」から始める世界の古典文学】のブックガイド

『「罪と罰」を読まない』岸本佐知子・三浦しをん・吉田篤弘・吉田浩美著、文春文庫
『白夜／おかしな人間の夢』ドストエフスキー著、安岡治子訳、光文社古典新訳文庫
『ドストエフスキー伝』アンリ・トロワイヤ著、村上香住子訳、中公文庫
『回想のドストエフスキー１・２』アンナ・ドストエフスカヤ著、松下裕訳、みすず書房
『イワン・イリイチの死／クロイツェル・ソナタ』トルストイ著、望月哲男訳、光文社古典新訳文庫
『トルストイ　ポケットマスターピース 04』加賀乙彦編、編集協力＝乗松亨平、集英社文庫ヘリテージシリーズ

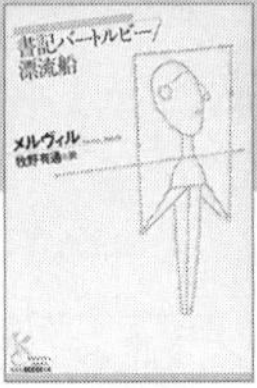

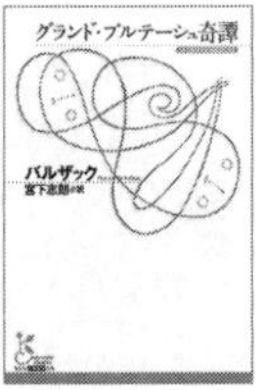

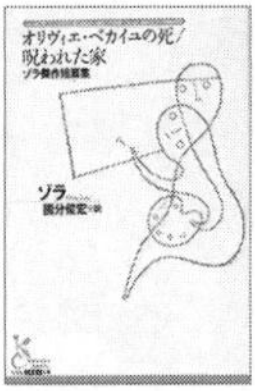

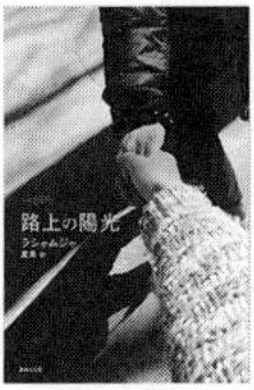

『白鯨（上・中・下）』メルヴィル著、八木敏雄訳、岩波文庫
『ビリー・バッド』メルヴィル著、飯野友幸訳、光文社古典新訳文庫
『書記バートルビー／漂流船』メルヴィル著、牧野有通訳、光文社古典新訳文庫
『文章読本』三島由紀夫著、中公文庫
『三つの物語』フローベール著、谷口亜沙子訳、光文社古典新訳文庫
『オリヴィエ・ベカイユの死／呪われた家　ゾラ傑作短篇集』ゾラ著、國分俊宏訳、光文社古典新訳文庫
『グランド・ブルテーシュ奇譚』バルザック著、宮下志朗訳、光文社古典新訳文庫
『ソルジェニーツィン短篇集』ソルジェニーツィン著、木村浩編訳、岩波文庫
『カステラ』パク・ミンギュ著、ヒョン・ジェフン・斎藤真理子訳、クレイン
『短篇集ダブル　サイドA』『短篇集ダブル　サイドB』パク・ミンギュ著、斎藤真理子訳、筑摩書房
『路上の陽光』ラシャムジャ著、星泉訳、書肆侃侃房
『「その他の外国文学」の翻訳者』白水社編集部編、白水社

V

自伝文学の読書論

内村鑑三
河野純治訳
ぼくはいかにして
キリスト教徒に
なったか

トロツキー
わが生涯
上
森田成也訳
白 127-9
岩波文庫

自伝を読む楽しみ――歴史に残る傑作を紹介

誰でも本が一冊書けるとは、よくいわれます。それは自分史、つまり自伝です。この章ではその中でも歴史に残る傑作をご紹介しましょう。

私自身がなによりも、自伝を読むのが一番の楽しみなのです。革命家や思想家、そしてもちろん文学者などの自伝を読むと、とっつきにくいなと感じていた著作にも、急に親しみを覚えたりするのが不思議です。些細《ささい》なエピソードに思えることが、堅いイメージの思想家の回想に出てくると、不思議と親近感が湧いてきます。

皆さんにもそんな経験があると思います。編集者としても、難しい内容の本を編集する時のいい意味での息抜きに、自伝を読むことがあります。癒されるんですよね。

ということで、今回も革命家から始めることにしましょう。

最高傑作、トロツキーの『わが生涯』

革命家の名前はトロツキー（１８７９〜１９４０）。今の若い世代には馴染みがないかもしれませんが、ロシア革命をレーニンとともに成功に導いた革命家です。

少し前までは、トロツキーは政治的な文脈で語られることが多くありました。しかし、21

世紀も20年を過ぎ、ロシア革命から１００年という時間を経た現在では、この『わが生涯』は古典といってもいい書物でしょう。それどころか、自伝文学として、最高傑作の一つだと個人的には思っています。

20世紀最大の出来事はロシア革命であると思います。そのことを理解することなく、21世紀の現在を考えることはできないのではないでしょうか。この本は上下巻で１０００ページを超す大著です。しかし、ひるむことはありません。トロツキーの筆はまったく遅滞することなく、自らの出自から49歳までの革命のために生きた歴史を、雄弁に語って倦むことを知りません。スピード感溢れる文体の魅力は、この翻訳から十分に伝わってきます。

ちなみにこの『わが生涯』の上巻を新訳した森《もり》田《た》成也《せいや》さんは、光文社古典新訳文庫でトロツキーの著作を４作、新訳しています。『レーニン』『永続革命論』『ニーチェからスターリンへ――トロツキー人物論集【１９００‐１９３９】』『ロシア革命とは何か――トロツキー革命論集』がそれです。

いずれもとても読みやすい新訳ですので、この紹介を読んでご興味をお持ちになったら、ぜひ手に取ってみてください。

私自身もソ連に２回旅行しています。１９８８年の春と冬です。昨年亡くなったゴルバチヨフが、ペレストロイカを掲げて颯爽と登場した頃です。トロツキーに関しては、古典的な名著といわれるアイザック・ドイッチャーのトロツキーの評伝三部作は、すでに読んでいましたので、いろいろと感慨深い旅になりました。

ソ連崩壊後の１９９２年の夏にも、ロシア人の家にホームステイしました。経済が崩壊した余波を受けて、百貨店の出口で困窮した若者たちが、それぞれに自分の靴や日用品などを売るために長蛇の列を作っているのを見て、痛々しく思ったことをよく覚えています。そしてあちこちに引き倒されたレーニン像がありました。

ロシア革命のために流刑地から脱走

さて、トロツキーの話に戻りましょう。南ウクライナのそれなりに豊かな家庭に生まれたトロツキーの父は、農民でした。後には大規模な自営農となりましたが、父母は文字通り働きづめの生涯を送りました。

トロツキー自身が序文で書いている自分の人生の要約を引用しましょう。

> 本書が出版される頃には私は五〇歳になっている。私の誕生日は十月革命の日と同じ

> である。（中略）九歳になるまで私は辺鄙《へんぴ》な田舎から一歩も出なかった。八年間、中学校で学んだ。初めて逮捕されたのは、中学を卒業して一年後のことであった。多くの同輩者と同じく、私にとっても、大学としての役割を果たしたのは、監獄、流刑、亡命であった。ツァーリの監獄に私は二度投獄され、約四年間拘禁された。ツァーリによる流刑は最初が約二年間、二度目は数週間であった。二度ともシベリアから脱走した。亡命者としては、二度にわたって、約一二年間、ヨーロッパ各国やアメリカで過ごした。すなわち一九〇五年革命の前に二年間、その崩壊後に約一〇年間である。（中略）私は一九〇五年の革命と一九一七年の革命に参加し、一九〇五年とその後一九一七年にペテルブルク代表ソヴィエトの議長となった。私は十月革命に直接参加し、ソヴィエト政府の一員となった。

筋金入りの革命家というイメージを抱くのも当然です。その通りなのですから。しかし、このトロツキーの人間臭いエピソードには、初読の時から私を強く魅了した部分があります。最初の流刑でトロツキーは女性革命家と結婚するのですが、革命のために脱走をしなければならないと決心します。その時すでに二人の娘がいました。しかも下の娘は生後4カ月です。

シベリアでの生活は過酷です。脱走すれば、妻に過重な負担がかかることは当然予想されます。しかし、彼女はたった一言でこの問題に結論を出します。

> 「行くべきよ。」
> 彼女にとって革命的義務は、他のあらゆる考慮を、何よりも個人的なそれを圧倒していた。私たちが新しい大きな課題を自覚したとき、私の脱走という考えを最初に言いだしたのは彼女の方だった。この選択を前にして生じたさまざまな懸念を、彼女はすべて取りのぞいてくれた。

今日の目から見ると、トロツキーの男のわがままのように思えるかもしれませんが、当時のロシアの革命家たちの理想主義とはこういうものだったのでしょう。人間がこのような気高い振る舞いをする可能性を、ロシア革命の歴史を学んでいると痛感させられることがあります。それは極めて文学的な理解かもしれませんが、とても重要なことだと思います。

トロツキーはその後、二度目の結婚をしますが、最初の妻との思想的なつながりと友情はずっと続いていくことになるのです。

トロツキーの方向音痴――人間臭いエピソード

１９０２年10月にロンドンに着いたトロツキーは、さっそくレーニンのアパートを訪ねます。ドアを開けてくれたのはレーニンの妻・クルプスカヤでした。

クルプスカヤの書いた『レーニンの思い出』という本にも、トロツキーの来訪について触れている部分があります。ちなみにこの本も、妻の目から見たレーニンという革命家の実像を描いたとても興味深い内容です。

トロツキーがレーニンのアパートを訪れた時、レーニンはまだベッドのなかにいました。レーニンとの最初の会見はこのような状況で行なわれたのです。それから二人はさまざまな問題について語り合う日々が続くのですが、私が感銘を受けたのは、もっと些細なエピソードです。

> 社会民主主義者の教会から戻ると、私たちは、二部屋しかないアパートの小さなダイニングキッチンで昼食をとった。いつも二人（＊レーニンとクルプスカヤのこと）は、私が

> 一人で自分のアパートに帰り着くことができるかなと言ってからかった。というのは、私は道を覚えるのが非常に苦手だったからである。私はこの自分の欠陥を「地形学的クレチン病」と命名した（私には、こういう大げさな言い回しをするくせがあった）。後年、この方面でずいぶん成長したが、そこまでになるのは容易ではなかった。

ここを読んだ時の私の驚きと共感は大きなものでした。じつは私も方向感覚がまるでないのです。いまだに道に迷うことが多くてよく笑われます。筋金入りの革命家であるトロツキーが道に迷っている姿は印象的です。

個人的には、こういうところが、自伝文学の読みどころではないかと思うのです。その人物の書いた理論的著作や文学作品にはない人間らしさに、親しみを覚えるのです。『永続革命論』を書いたトロツキーが方向音痴だなんて、誰が想像するでしょうか。それをレーニン夫妻がからかう図もいいではないですか。

第15章の「裁判、流刑、脱走」という章では、１９０５年12月に逮捕された後に、同房にいた同志が「トロツキーの監房はすぐに一種の書庫と化した」と書いたような生活を送ります。

> 気晴らしに私はヨーロッパ文学の古典を読んだ。私は房内のベッドに寝ころがって、あたかも美食家が上等のワインを味わったり馥郁《ふくいく》たる葉巻をくゆらせたりするときのような肉体的快感を感じながらそれらの著作を読んだ。それは最も楽しいひとときだった。こうした古典文学の勉強は、この時期の私のあらゆる政治評論の中に、題字《エピグラフ》や引用としてその痕跡をとどめている。フランス長篇小説の大御所《グラン・セニョール》たちに原書で親しむようになったのもこのときが初めてである。物語芸術は何よりもフランスの芸術である。

このような文学的素養のある革命家はそうそういるものではありません。トロツキーが『文学と革命』という本を書いたのもうなずけます。この自伝も、古典文学の影響を受けていることは間違いないと思います。

古参の職員に払った敬意――革命家の優れた人間性

そういう意味で、非常に文学的かつ印象的なエピソードを、最後にもう一つご紹介しましょう。１９１７年の革命が成功した後のことです。クレムリン宮殿で働いていた古参の職員たちには、何代もの皇帝に仕えた老人もいました。そのなかでストゥピシンという男性がいたのです。

彼は足をひきずりながら廊下を倦《う》むことなく歩き回り、ひじ掛け椅子を決まった場所に置き、埃《ほこり》を払って、以前の秩序の外見を維持しようとしていた。昼食には、薄いキャベツ・スープとソバ粥《がゆ》が、鷲《わし》の紋章のついた宮廷用の皿に出された。「あの人、何やってるの。見て」と、セリョージャ（＊トロツキーの息子）が母親にささやいた。老人は、椅子の後ろを影のように動きながら、皿の向きを少しあちらに変えたりこちらに変えたりしていた。セリョージャが最初にこれに気づいた。つまり、皿の縁に描かれた双頭の鷲が、会食者の真向かいになければならないのであった。

双頭の鷲とはもちろん、革命で打倒されたロシア帝国の紋章です。クレムリン宮殿が革命政権のものになっても、長年皇帝に仕えてきた老人はその習慣を変えようとはしません。ロマノフ王朝時代のやり方に固執する彼の態度に、狭量な革命家ならさっそく叱るところでしょう。しかし、レーニンもトロツキーもその老人を排除しないのです。

老人は最初にレーニンに強い共感を抱きますが、レーニンが別の建物に移ってからは、トロツキーとその妻にその愛着を移しました。トロツキー夫妻が秩序を重んじ、彼の努力に敬意を払っていたからです。

こういうエピソードは、じつに重要なものだと思います。老人の仕事は、皇帝や大公をもてなすことから、共産主義インターナショナルに仕えることに変わったのですが、その誠実な仕事ぶりは変わりません。トロツキーの家にもしばしば訪ねてきたといいます。

老人は１９２６年に病院で亡くなりますが、トロツキーの妻がお見舞いの品を贈ると、感謝の涙を流したと書かれています。皇帝の老僕が革命家たちと新しい関係を結ぶことができたのは、レーニンとトロツキーの深い人間性を象徴していると思えてなりません。

さて、トロツキーの運命は、１９２４年にレーニンが死ぬと暗転して、国内流刑に処せられ、あげくはソ連邦から追放されてしまいます。すべては権力を手にしたスターリンの策謀です。最後はメキシコのコヨアカンという場所で、スターリンの放った刺客《しかく》にピッケルで頭を割られて死んでしまいます。この自伝が書かれて10年後のことです。

悲劇的な死を遂げた革命家として記憶されていますが、この自伝を読むと、じつに人間味のある、しかも優れた人間だったことが分かると思います。

引用したエピソードは、どれも些細なもののように思えるかもしれませんが、こういうものこそ、自伝を読む上で一番大切なものだと私は考えています。

豪快で痛快な『福翁自伝』——お勧めは現代語訳

さて、次は日本人の自伝です。じつに豪快な自伝なのですが、読んだ人はあまり多くないと思います。かくいう私も、齋藤孝さんの編訳による『現代語訳　福翁自伝』を読むまでは、『福翁自伝』は本棚に置いてはいたものの、ほとんど開いたことがありませんでした。たぶん、文語体が苦手だったことと、「福翁」の翁の字が、お爺さんの書いた上品な回顧録を連想させたからです。

ところがこの口語訳を読んで本当にびっくりしました。福澤諭吉（１８３５～１９０１）って、こんなにお茶目でチャーミングな人だったの、という驚きでした。齋藤孝さんも「はじめに」で、『福翁自伝』を読んでいる人が非常に少ないことを指摘しています。その理由として、「偉人の伝記」だという先入観を挙げています。

ところがその「はじめに」で齋藤さんが紹介するエピソードだけを読んでも、ひっくり返るほど驚いてしまうのです。

「便所でお札を踏み、神社のご神体を勝手に捨ててしまう」「人をだまして河豚《ふぐ》を食わせてみる」「遊女のニセ手紙を書く」「子どもの頃からの大酒のみ」などなどのエピソードを、福澤のざっくりとした語り口で読むのは無類に痛快です。

最初にこの文章を読んで、ホントかなと思いながら読み進むと、福澤諭吉という人が「天は人の上に人を造らず、人の下に人を造らず」という言葉を残した聖人君子のような人間ではなく、極めて人間的に面白い人物だということが分かって、痛快な読み物を読んでいる快感に酔うことができます。

幼少期から飲んでいた——福澤諭吉の飲酒の歴史

福澤諭吉の故郷は九州の中津（現・大分県中津市）でしたが、田舎であるため窮屈に思い、１８５４年、19歳の時に、兄について長崎に行き、蘭学の修行をします。当時のことですから、オランダ語をひたすらに勉強するのです。

やがていろいろな事情が重なり江戸を目指して出奔《しゅっぽん》します。この道中が、また抱腹絶倒の面白さです。やがて大阪に着いて兄に会います。そこで兄に勧められ、緒方洪庵《おがたこうあん》のところで蘭学を学び始めるのですが、その後、中津に戻った兄が急に亡くなり、家を継ぐことになります。

しかし、蘭学を極めたいという願いを母に伝えると、「うむ。よろしい」といわれ、再び大阪の緒方塾に戻っていきます。江戸時代の末期とはいえ、まだ儒教思想の強い時代に、母も思い切りがいいですね。

その緒方塾での学生たちは、皆とても優秀ではありますが、反面、なかなか個性的な人間ばかりであったようです。福澤諭吉は「その中に私が飛び込んで活発に乱暴を働いた」と率直に語っています。

その第一に挙げているのが酒です。

> まず第一に私の悪いことを言えば、生まれつき酒を嗜《たしな》むというのが一大欠点。成長した後には自らその悪いことを知っても、悪い習慣がすでに性質になってしまって、禁酒できなかったということも、あえて包み隠さず明白に自首します。自分の悪いことを公《おおやけ》にするのはあまり面白くもないが、本当のことを言わねば事実談にならぬから、まず一とおり幼少以来の飲酒の歴史を語りましょう。

> そもそも私の酒癖《さけぐせ》は、成長するにしたがって飲み覚え、飲み慣れたというのではなくして、物心のついた時から自然に好きでした。
> 今に記憶していることを言えば、幼少のころ、月代《さかやき》を剃《そ》るとき、頭の盆の窪《くぼ》のところを剃ると痛いから嫌がる。すると剃ってくれる母が「酒を飲ませるからここを剃らせろ」と言う。その酒が飲みたいばかりに、痛いのを我慢して泣かずに剃らせていたことはかすかに覚えています。天性の悪癖、まことに恥ずべきことです。

その後二十歳になるまで酒に目のない少年であったことを告白しています。あの福澤諭吉がそんなに酒が好きで、小さな頃から飲んでいたなんてと驚いてしまいます。

これ以外にも、酒のエピソードは何回も出てきます。しかし、酒癖は悪くなかったようで、陽気な酒だったと自分で言っています。やがて緒方塾の塾長になりますが、その収入も酒代になったと告白しています。

塾生宛てに遊女が書いたように見せかけた手紙を偽造するエピソードも、抱腹絶倒の面白さですが、あの福澤諭吉がこんなことをしていたなんて、と、ちょっと信じられない気もしてくるほどです。

ただ、その勉強ぶりも凄まじいもので、兄のもとにいた一年の間、読書に熱中して、眠くなれば机の上で突っ伏して寝るか、床の間の床側を枕にして寝るかしていたので、布団でまともに寝たことが一度もなかったことを書いています。それも福澤諭吉だけでなく、塾生も同じだったそうですから、当時の青年たちの蘭学に対する情熱は凄まじいものがあったのです。

こうして生まれた『西洋事情』――アメリカで受けた衝撃

しかしその後、福澤諭吉が江戸に行き１年が経った頃、開港したばかりの横浜に行って衝撃を受けます。オランダ語を死に物狂いで勉強してきたけれど、横浜に暮らす外国人たちが話す言葉はまったく分からず、看板も読めない。これがどんなにショックだったかは容易に想像がつきます。すべてが英語かフランス語のようなのです。

彼は英語を学ぶ決心をします。しかし、蘭学を捨て英学に移る覚悟を決めてのち、オランダ語を学んだことは英語の学習に役に立つことに気づくのです。

やがて１８６０年に咸臨丸《かんりんまる》に乗ってアメリカに行くことになります。37日かかってサンフランシスコに着いた咸臨丸は、大歓迎されます。日本人はといえば、馬車を見ても初めてですから、驚くばかり。

日本を出るまでは天下独歩、眼中人なし怖い者なしといばっていた豪快学生も、初めてアメリカに来て花嫁のように小さくなってしまったのは、自分でもおかしかった。

あの福澤諭吉でも、当時の日本からアメリカに行くと、すべての勝手が違うので萎縮してしまったのは、なんともおかしい話ではありませんか。アメリカに住むオランダ人の医者の家に招かれた福澤諭吉は、目を瞠《みは》ります。

そこでいかにも不審なことは、おかみさんが出て来て座敷にすわり込んでしきりに客の相手をする一方、ご亭主があれこれと走り回っている。これはおかしい。まるで日本とアベコベなことをしている。

男尊女卑の風習のなかで育った当時の日本の青年にとって、これがどれほど衝撃的だったかはよく分かります。そしてこういうことから西洋というものを学んでいったこともよく理解できます。

１８６１年から１８６２年にかけて、福澤諭吉は今度はヨーロッパに出かけました。大変な長旅でしたが、珍妙な出来事が次から次へと起きました。パリのホテルに滞在中の出来事です。

> またあるときに三使節中の一人が便所に行くのに、家来がボンボリを持ってお供をして、便所の二重の戸をあけっぱなしにして、殿様が奥の方で日本流に用をたすその間、家来は袴《はかま》着用、殿様の腰の刀を持って、便所の外の廊下にひらき直ってちゃんと番をしている。けれども、その廊下は旅館中の公道で、人々が頻繁に行き来して、便所の内も外もガスの灯《あか》りが昼よりも明るいというからたまらない。

通りかかった福澤諭吉は、驚きのあまり茫然として、まず戸を閉めてから、その家来に事情を説明するという、なんとも笑えないエピソードを書き残しています。その頃福澤諭吉は、すでに英語で読むことも話すこともできるようになっていましたし、習慣の違いについても敏感になっていたのでしょう。

この旅行中に、本だけでは調べられないことを学び、それを土台にして、帰国してから『西洋事情』を書くことになります。銀行や病院の仕組み、徴兵令、選挙法など、日本にいて原書を読んでいるだけではよく分からなかったことを、時間をかけて理解したことが役に立ちました。

さらには、現在まで続く慶應義塾を慶應４年に創立した時に、日本で初めて「授業料」を生徒一人一人から取り立てることにしたのです。これは当時としては画期的なことだったといいます。

まだまだ『福翁自伝』は続くのですが、ハイライトはこの辺で終わります。ぜひ読んでほしい自伝です。無理をすることなく現代語訳から入ると、面白さに圧倒されます。

この本は抄訳ですので、一部カットされている部分があります。ご興味が湧いた方は、原本も何種類もありますので、どうぞ手に取ってみてください。個人的には講談社学術文庫版がお勧めです。

そして同じように齋藤孝さんが手掛けた『現代語訳　学問のすすめ』と『現代語訳　文明論之概略』を続けて読むことをお勧めします。自伝を読んでからこの２冊を読むと、理解が深くなることは間違いありません。

いろいろなエピソードを思い出しながら読むと、明治という時代を考え、現在の意味を問いなおす味わい深い読書になると思います。

「聖地アメリカ」の理想と現実――内村鑑三『ぼくはいかにしてキリスト教徒になったか』

もう一冊、日本人の自伝をご紹介しましょう。古典新訳文庫の内村鑑三（1861〜1930）の『ぼくはいかにしてキリスト教徒になったか』がそれです。

既訳はもっと堅いタイトルでしたが、若い頃に内村鑑三が英語で書いた自叙伝なので、思い切って一人称を「ぼく」に変えました。ちなみに原題は『How I Became a Christian』です。ですからタイトルは直訳ですね。

じつは本書も、私自身、編集者として新訳の仕事で初めて通読したのですが、抜群に面白い内容でした。

武士の家に生まれた内村鑑三が、進学した札幌農学校で、半ば強制されるようにしてキリスト教に入信します。やがて真のキリスト教国を実際に見るためにアメリカに旅立ちます。

ちなみに内村鑑三は福澤諭吉と違って絶対禁酒主義者です。対照的な二人ですね。年齢は福澤諭吉の方が20歳以上も上ですが、幕末から明治という時代を生きたそれぞれの軌跡は大変に個性的です。

ただ内村鑑三の方が、よりアメリカを崇拝していたともいえます。まさに「ぼくはアメリカに聖地のイメージを抱いていたのだ」という一節が、その頃の心情をよく表しています。ところがサンフランシスコに到着してすぐに、仲間が財布をすられるという事態に直面します。シカゴでは駅のレストランで食事をすると、黒人のウェイターに話しかけられ、教会の執事に紹介されます。日本でのキリスト教信仰について話すと、黒人の執事は興味深く聞いて、いろいろと世話を焼いてくれました。出発する時間がくると、彼は内村たちの旅行鞄を肩に担いで改札まで運んでくれます。

> 手を伸ばして荷物を受けとろうとすると、メソジストの執事は荷物を渡そうとせず、こちらに黒い手を差し出して言った。
> 「いくらかくださいよ」。

機関車のベルが鳴っているので仕方なく、50セント硬貨を渡して荷物を取り戻し、「ここでは親切でさえ売り買いされるのか」と皆で顔を見合わせて言ったことが書かれています。

理想のアメリカ像が崩れていくのがよく伝わってきます。

しかし人間はこうやって大人になっていくのでしょう。私には、このエピソードが本書では一番忘れられないものとなりました。

その後のアメリカ滞在で、内村はキリスト教国のありのままを十分知って、日本に帰国します。本書を読むと、明治の青年が人生や宗教について深く考え、苦悩した軌跡がよく分かると思います。

本書『ぼくはいかにしてキリスト教徒になったか』が書かれたのは内村が31歳の時でしたが、その後もキリスト者としての活動は続きました。本書を読んでから、『代表的日本人』『後世への最大遺物・デンマルク国の話』を読むことをお勧めします。前者は英語で書かれ、「代表的日本人」に西郷隆盛や二宮尊徳、日蓮など、5人の人間を挙げています。

今、日本は大きな変化にさらされながら、方向性を見失っているように思えます。明治維新以来の西洋崇拝だけではうまくやっていけないことに、すでにほとんどの人が気づいているのです。そういう時代に敢えて、これらの明治に書かれた自伝を読むことは、私たちのこれからと原点を考える上でも大切なことではないかと思います。

女子高生と『自由論』——自由の本当の意味に思いを致す

さて、先日、古典新訳文庫をたくさん置いている大きな書店に行くと、その棚から一冊の本をさっと抜き出して、女子高生がレジに向かいました。私は思わずタイトルを見てしまったのですが、それはミルの『自由論』でした。

こんなに若い世代が読んでくれるのだと思って、とてもうれしくなりました。それとともに、この国では「自由」という言葉はあっても、いまだに自由の意味をあまりにも考えないことを改めて残念に思いました。

柳《やな》父《ぶ》章《あきら》が書いた『翻訳語成立事情』という興味深い本があります。社会、個人、近代、自然、権利、自由、恋愛などの翻訳語を例に挙げて、どのような経緯でこれらの言葉が世に流通するようになったのかを分析した優れた本です。

どれも翻訳語として成立した言葉であるわけですから、どの概念も本質的には日本にはなかったことになります。つまり近代以前は、「恋」と「愛」はあっても、「恋愛」はなかったということです。

「自由」という言葉自体は古くからあったようですが、西洋における重要な概念である「Liberty」や「freedom」が、なぜ「自由」という翻訳語として定着したのか。

福澤諭吉は、「Liberty」の翻訳語として、「自由」はあまりよくない訳語だといいながらも、この語を使用したのです。それは「自由」という言葉がすでに民衆のなかに流通していたことが理由でした。

この「自由」の項をぜひお読みいただきたいと思います。それを理解した上で『自由論』を読んでいただくと、いろいろと収穫の大きな読書になることと思います。

『ミル自伝』――『自由論』執筆時の妻との二人三脚

さて、『ミル自伝』には、この本が成立するまでの、じつに意外なエピソードが語られています。ちなみに『ミル自伝』は、みすず書房から刊行されている新訳が読みやすいのでお勧めです。

ミル（１８０６〜１８７３）は、父親から猛烈な早期教育を受けています。3歳でギリシャ語を始め、8歳でラテン語を始めました。ですから、幼い頃から信じられないくらいたくさんの古典を読んでいるのです。

そんなミルは、１８５１年に妻と結婚しました。妻には死亡した前夫があり、子どももありました。しかし、妻とは以前から長い交友関係があり、その夫の死後2年を経て結婚しています。

長い交友関係というのが、本当はどういうものだったのかは分かりません。しかしそんなことは大きな問題ではないでしょう。妻の突然の死で、結婚生活そのものは7年半で終わりになりますが、ミルは妻の支えなしに『自由論』は完成しなかったと書いています。

> 東インド会社を辞めるまでの二年間、私たちは二人で『自由論』に取り組んでいた。最初は短い論文にするつもりで、一八五四年に書き上げた。だが翌五五年の一月に考えを変える。古代ローマ遺跡カピトリーノの丘の石段を登っているとき、しっかりした書物にまとめようという気になったのだった。私は注意深く構成を考え入念に推敲を重ねたが、あれほど丁寧にやった著作はほかにない。いつものように二度書いた後、私たちはいつも原稿をそばに置き、暇さえあれば取り出して一字一句を子細に検討し批評を加えるというふうにして、全体を始めから練り直したものである。

そしてこんな風に、『自由論』執筆における妻の役割を評価しています。

> 妻はあらゆる考えを具体的な形で捉え、現実に応用する場面を想定できる。そして人間が実際にどう感じどう行動するかをよく知っているので、実行不能な考えの欠陥を見逃すことはまずなかった。
>
> 『自由論』は、私の名前で出版した著作の中で二人の協力が最も直接的に行なわれた、文字通り二人の共同作品である。一言半句にいたるまで二人で何度も読み返し、さまざまな角度から検討し、思想でも表現でも誤りを発見しては注意深く取り除いた。（中略）『自由論』は、私の著作のどれよりも長く読まれ続けるのではないかと思う（ひょっとすると『論理学体系』はもっと長寿かも知れないが）。

亡き妻に対する思いが溢れて、多少誇張があると感じるかもしれません。しかし、このような過程を経て、あの『自由論』が書かれたのだということを知るのは、とても興味深いと思います。

登場人物の黒人奴隷や少年にはモデルが——裏話もたっぷりの『マーク・トウェイン自伝』

さて、次にご紹介するのは、あのマーク・トウェイン（１８３５～１９１０）の自伝の完訳です（『マーク・トウェイン自伝』）。これも読み始めたら止まりません。抱腹絶倒の面白さといっても過言ではありません。

なにせ作家の文章ですから、その筆遣いのうまいこと。とても長い自伝ではありますが、訳者の勝浦吉雄さんが書いているように、どこからでも読むことが可能です。

私を一番魅了したのは、『トム・ソーヤーの冒険』や『ハックルベリー・フィンの冒険』のような有名な作品の、いわば裏話というべきものです。

トウェインは4歳の時にミズーリ州のハンニバルという小さな町に移りましたが、11〜12歳になるまで、フロリダの田舎にある叔父の農場で、毎年2〜3カ月を過ごしていたといいます。ここには黒人奴隷も20人近くいました。

> 黒人たちはみんな僕ら白人の友達であり、同じ年頃の少年たちは、事実上、僕らの仲間だった。（中略）僕ら子供たちは、忠実で愛情深い親友・味方・相談相手として、中年奴隷の「アンクル・ダヌル」を尊敬していた。彼は黒人仲間で一番頭がよく、物わかりもよく、包容力に富み、気取るということがなく、実直そのものだった。私が小説を書く上で、彼は長い間、大いに協力してくれた。もう半世紀以上も会っていないが、そ

の間も、心の中では実によく付き合ってきた。時には本名で、また、時には「ジム」という名前で彼を活躍させ、あちらこちらと引きずり回してきた――ハンニバルに連れて行ったり、筏《いかだ》でミシシッピ河を下らせてみたり、サハラ砂漠を気球に乗せて越えさせたりした。彼は生れつき忍耐力があり、友情に厚く、忠誠心に富んでいたので、こういう無理な要求にも耐えてくれた。

『ハックルベリー・フィンの冒険』に出てくるジムには、実際のモデルがいたのです。これを知った時は、なるほどと思いました。そしてジムの描き方に込められたトウェインの共感と優しさも理解することができました。

黒人たちにもすぐれた資質があることを知り、深い愛情を抱くようになったのは、幼いころ叔父の農場で一緒に過ごしたからである。以来、六十年以上もの長い間、黒人に対する感情と評価は時の試練を経てきたが、いささかも色あせることがなく、黒人を信頼する私の気持は今も昔と全く同じで、彼らとの交際を歓迎している。

子どもの頃、奴隷制度が当たり前だった時代に、これはとても率直な告白だと思います。トウェインの家にいたサンデーという奴隷少年が、一日中口笛を吹いたり歌を歌ったり笑ったりするのに業を煮やしたトウェインが、母に抗議すると、母は目に涙を浮かべて唇を震わせながら、こう言います。

「かわいそうに、あの子がああやって歌ってる時はね、つらいことと悲しいことを忘れてるんだよ。そう思うと、母さんはホッとしてんの。（後略）」

この母は、『トム・ソーヤーの冒険』のポリー伯母さんのように、何度も作品に登場させたと告白しています。同じように、このサンデーという黒人奴隷の少年にも、それこそ『トム・ソーヤーの冒険』のなかで塀を白ペンキで塗らせようとしたが、うまくいかなかったと書いています。『トム・ソーヤーの冒険』は小学生の時の愛読書でしたので、ここを読んだ時は、そうだったのかと思いました。

そして、『トム・ソーヤーの冒険』のあのインジャン・ジョーも実在したのです。実在のインジャン・ジョーは、洞窟のなかで道に迷い、蝙蝠《こうもり》がいなかったら餓死していたかもしれない状況に置かれたことがありました。彼はその時のことをトウェインに残らず話しました。『トム・ソーヤーの冒険』のなかでは、彼を餓死させましたが、それはあくまで小説のなかの出来事で、現実にあったことではないとトウェインは書いています。これもとても興味深いエピソードです。

「ハックルベリー・フィン」にもモデルがいたことが分かります。トム・ブランケンシップという少年です。

> 『ハックルベリ・フィンの冒険』ではトム・ブランケンシップをあるがままに描いたつもりである。彼は無知な少年で、風呂に入ったこともなければ腹いっぱい食べたこともなかった。だが、誰にも負けないぐらい素晴らしい心を持っていた。

『トム・ソーヤーの冒険』は2年も執筆がストップしていた

この自伝にはもちろん、マーク・トウェインの波乱に満ちた人生も克明に描かれています。

１８４７年、12歳の頃に父に死なれると、一家の生活は苦しくなります。すぐに学校をやめさせられて、印刷所の住み込み見習工に出されます。衣食付きで無給という待遇でした。

それから水先案内人の資格を取り、１８５８年には定期船の舵手《だしゅ》を務めています。なんとその後は、西部のゴールドラッシュの熱気に当てられて銀鉱を掘り当てようとしたりと、かなり起伏の多い人生を歩んだことがこの自伝には率直に書かれています。

作家としても出版のトラブルに見舞われ、１８６６年には講演家としてスタートを切ります。当時は「文化講演会」というのが大はやりしていたらしいのです。第45章では、何度も投機に失敗したことも率直に書いています。

小説家として19世紀アメリカ文学を代表する存在でありながら、なかなか波欄万丈の生き方を変えられないのがトウェインの面白いところです。

後半部分で『トム・ソーヤーの冒険』について意外なエピソードが書かれています。

> 『トム・ソーヤーの冒険』のちょうど真ん中あたりを書いている時だった。原稿で四百ページまでくると、物語は突如断固として歩みを止め、その先は一歩も進もうとしない。来る日も来る日も頑として進もうとしない。がっかりするやら悲しくなるやら茫然とするばかり。（中略）そのわけはいたって簡単だった——私のタンクが干上がって空っぽだった。材料の貯えが尽きたのだ。物語は材料がなくては先へ進めない。何もないのに

動かせないというわけだった。
その原稿は二年ほど机の抽出《ひきだ》しに入れておいたあと、ある日取り出して、最後に書いた一章に眼を通してみて大発見をした。タンクが枯渇している時は、放っておけばやがてまた一杯になる。眠っている間に——別の仕事に取り組んでいる間にも、知らないうちに有益な脳作用が進むのである。今や書く材料はたくさんあり、物語はどんどん進んで、何の苦もなく仕上がってしまった。

これを読んで「へー、そうだったんだ」と思うのは私だけではないでしょう。これは大変率直な告白だと思います。あの『トム・ソーヤーの冒険』が2年も遅滞していたなんて。編集者が私なら、きっと催促を重ねていただろうな、などと思ってしまいます。

しかし、一気に書かれた作品とばかり思っていた私は、意外の感に打たれました。そして率直にこういうことを書くトウェインの姿勢に好感を持ちました。それでいてトウェインは、書くことは仕事ではない、楽しいので気晴らしにやるビリヤードのようなものだと、堂々と宣言しています。

しかし、家族のたび重なる死に打ちのめされてもいます。最初に長男を1年10カ月で失い、後には病気で長女をなくし、最愛の妻オリヴィアも失います。三女も病のために亡くなります。残ったのはヨーロッパに暮らす次女だけでした。

この三女の死で自伝は終わります。最晩年の作品は、マーク・トウェインらしくない厭世《えんせい》的な作風だとよくいわれますが、それもこのように続いた家族の死を思えば、仕方がないのかなとも思います。

ヘレン・ケラーの自伝に登場するトウェイン

さて、トウェインは『奇跡の人　ヘレン・ケラー自伝』に登場します。この自伝自体もとても深い内容を持った作品で、あのヘレン・ケラー（１８８０～１９６８）かと、分かった気にならずに読んでほしい本です。

この本に登場するマーク・トウェインをご紹介して、本章を終わりにしましょう。ヘレン・ケラーは、作家の友達がたくさんいた親友夫妻からトウェインを紹介されたのです。

> マーク・トウェイン氏の口に触れさせてもらい、唇から直接、面白い話を一つ二つ読ませてもらったこともある。彼の考え、話し方、行動は、すべてトウェイン流の独自のも

のだ。私はトウェイン氏と握手をすると、その目の輝きを手に感じる。そしてなんとも言えないとぼけた声で皮肉な思想を語っている時でさえ、やさしさと思いやりの心を失わない人なのである。

自伝ではさまざまな自己韜晦を書き連ねているトウェインですが、ヘレン・ケラーが描いたトウェイン像こそ本物なのでしょう。

【V 自伝文学の読書論】の ブックガイド

『わが生涯（上・下）』トロツキー著、上・森田成也訳、下・志田昇訳、岩波文庫
『レーニン』トロツキー著、森田成也訳、光文社古典新訳文庫
『永続革命論』トロツキー著、森田成也訳、光文社古典新訳文庫
『ニーチェからスターリンへ――トロツキー人物論集【1900-1939】』トロツキー著、森田成也・志田昇訳、光文社古典新訳文庫
『ロシア革命とは何か――トロツキー革命論集』トロツキー著、森田成也訳、光文社古典新訳文庫
『武装せる予言者・トロツキー』アイザック・ドイッチャー著、田中西二郎・橋本福夫・山西英一訳、新潮社
『武力なき予言者・トロツキー』アイザック・ドイッチャー著、田中西二郎・橋本福夫・山西英一訳、新潮社

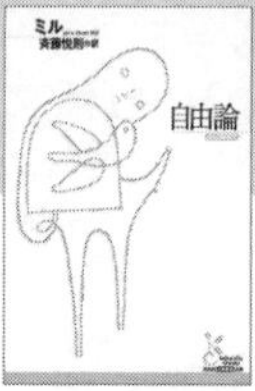

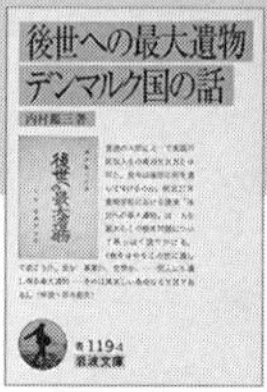

『追放された予言者・トロツキー』アイザック・ドイッチャー著、山西英一訳、新潮社
『レーニンの思い出』クルプスカヤ著、松本滋・藤川覚訳、大月書店
『現代語訳　福翁自伝』福澤諭吉著、齋藤孝編訳、ちくま新書
『現代語訳　学問のすすめ』福澤諭吉著、齋藤孝訳、ちくま新書
『現代語訳　文明論之概略』福澤諭吉著、齋藤孝訳、ちくま文庫
『ぼくはいかにしてキリスト教徒になったか』内村鑑三著、河野純治訳、光文社古典新訳文庫
『代表的日本人』内村鑑三著、鈴木範久訳、岩波文庫
『後世への最大遺物・デンマルク国の話』内村鑑三著、岩波文庫
『自由論』ミル著、斉藤悦則訳、光文社古典新訳文庫
『翻訳語成立事情』柳父章著、岩波新書
『ミル自伝』J.S. ミル著、村井章子訳、みすず書房
『マーク・トウェイン自伝』マーク・トウェイン著、勝浦吉雄訳、筑摩書房
『トム・ソーヤーの冒険』トウェイン著、土屋京子訳、光文社古典新訳文庫
『ハックルベリー・フィンの冒険（上・下）』トウェイン著、土屋京子訳、光文社古典新訳文庫
『奇跡の人　ヘレン・ケラー自伝』ヘレン・ケラー著、小倉慶郎訳、新潮文庫

VI

児童文学のすすめ

記憶のなかに残る「読まなかった本」の豊かさ

この本のはじめの「ちょっと長いまえがき」で、私の同級生である、リタイアした若いお爺さんに、スウィフトの『ガリバー旅行記』を勧めたことを書きました。

最近、また彼と話をしたのですが、彼はいわゆる児童文学というものに、深く魅せられていることが分かりました。『ガリバー旅行記』はもちろん、最近読んだ児童文学の名作を、次々と挙げていくのです。

その誇らしげな顔を見ていると、私のお勧めは間違っていなかったなと、ちょっとホッとしました。彼は最近では、孫に絵本を買ってあげるようにもなり、絵本そのものに興味を抱くようになっているようです。

こういうお勧めができたのも、じつは私にはネタ本があったからなのです。『子どもの本の森へ』という本がそれです。古書でしか手に入らないのが残念なのですが、大変優れた内容の本です。ユング派の心理学者として有名な河合《かわい》隼雄《はやお》さんと、詩人の長田弘さんの対談集です。大人が子どもの本を読む意味を、これほど明確に語っている本を他に知りません。

出だしから少し、ご紹介しましょう。

河合　ぼくが子どもの本が好きなのは、人間の心の働きの深いところを見つめるという自分の仕事から考えてみると、人間の心の働きを、すごくすっぱりと書いている魅力ですね。

長田　子どもの本の物語は、原型的ですよね。具体を語って、原型をぱっと目のまえに差しだす。

じつに見事に児童文学の本質を突いていると思います。続けて二人はこんな話題をさらっと話します。

長田　子どもの本というのは「読まなきゃいけない」本というんじゃないんですね。そうじゃなくて「読みたい」とずっと心にのこっている本。

子どものときに読まなかった子どもの本が、記憶のなかにいっぱいのこってる。だけど、そうやって記憶のなかにツンドク（積ん読）だけで読まなかった子どもの本というのを、大人が自分のなかにどれだけ持っているかが、じつはその大人の器量を決めるんじゃないかなあ。

河合　そうそう。ぼくはそのツンドクの本のなかから『ノンちゃん雲に乗る』をぽっと持って、北海道へ行くときに読んだ。飛行機の上で読んだから、すごく感じが出てねえ。札幌へ着いてからも、わくわくしていました。

長田　ツンドクというのは、読まないというのとちがうんですね。何かの拍子に読める、そして夢中になるのがツンドクなんですね。アメリカでスティーヴンスンの『宝島』が初版の絵をそのまま復元してすごく立派な本ででてるんです。それは祖父母から親たちにそして子どもたちにと手渡せる、それこそツンドクのための本として出たんです。（後略）

いかがでしょうか。児童文学とどう付き合っていくかを、この本からたくさん学べるということが、お分かりいただけたと思います。本当にお勧めの一冊です。児童文学の好きな方はすでにご存じの方も多いかもしれませんが、もっと広く読まれてほしい本です。

もともとは大人向けの作品——縮約版とは似ても似つかない内容のことも

さて、そんな児童文学の名作ですが、一つ大きな特徴があります。私自身が光文社古典新訳文庫を編集しながら気づいたことなのですが、児童向けのかなりの数の作品が「縮約版」であるということです。

誤解してもらっては困るのですが、これが悪いといっているわけではありません。私自身が、縮約されたもので児童文学に目覚めたのですし、本が大好きな少年として育ち、運よく編集者になることができたのも、それらの本のおかげです。

しかし、作品の全体像に触れることなく長い年月を過ごした後に、編集の仕事を通じて完訳版を読んでみると、まるで印象の違うことも多く、戸惑いを隠せませんでした。

もちろん『ロビンソン・クルーソー』や『ガリバー旅行記』は、もともと子ども向けに書かれたものではありませんし、縮約や翻案は、外国でも普通に行なわれてきたようです。

上智大学で教鞭を執っていたピーター・ミルワードさんが書いた『童話の国イギリス――マザー・グースからハリー・ポッターまで』という新書があります。

そのなかに、こんな一節があって、なるほどと思いました。

> その当時（＊子どもの頃のこと）は気づかなかったのだが、このふたつの本の違いは、『アリス』のほうは、少なくとも『鏡の国のアリス』は、全部原作のままのテキストで

> あったのにたいして『ロビンソン・クルーソー』は、原作を削除したり、縮約したものにすぎなかったことだ。私は、オックスフォード大学で十八世紀文学を学ぶようになって、デフォーが書いた原作が学校で読んだものとは似ても似つかぬものであることを知って、たいへんなショックを受けたことを覚えている。

事情は本国でも同じようなものなのです。子どもの頃愛読した『ロビンソン・クルーソー』が、じつはこんなに長大な作品だったということを知った時のミルワードさんの驚愕ぶりは、容易に想像できます。私自身もそうでしたから。

しかし、だからといって、彼のように大変なショックを受けたわけではなく、そんなことだったんだなと思っただけでした。『トム・ソーヤーの冒険』『ハックルベリー・フィンの冒険』もそうですし、『仔鹿物語』に至っては、別の作品を読んでいるような気持ちにさえなったことをよく覚えています。

この章で取り上げる児童文学の作品は、現代作品である『トムは真夜中の庭で』を除くすべての作品が、いずれも古典新訳文庫で新訳されたものを紹介することになります。いわゆる「手加減のない新訳」で読むことが大切だと思うからです。

しかし『ロビン・フッドの愉快な冒険』が、文庫とはいえ５００ページを超えた時には、正直、驚きました。私が少年時代に読んだ本の何倍もの分量になるのですから。

カフカが読んだ『ロビンソン・クルーソー』

さて、ここでは、その問題の『ロビンソン・クルーソー』から始めましょう。

じつは、前章で取り上げた「自伝」のなかで、〝自分が読んだ本〟として『ロビンソン・クルーソー』を取り上げている人物が二人いました。

一人はジョン・スチュアート・ミルです。少年時代を通じて擦《す》り切れるほど読んだことを告白しています。

もう一人、ヘレン・ケラーも『ロビンソン・クルーソー』を挙げています。

さて、次の文章は誰のものか、想像しながら読んでみてください。

> ロビンソン・クルーソーが島の中のもっとも高い一点、より正確には、もっとも見晴らしのきく一点にとどまりつづけていたとしたら——慰めから、恐怖から、無知から、憧れから、その理由はともかくも——そのとき彼はいち早く、くたばっていただろう。

> ロビンソン・クルーソーは沖合いを通りかかるかもしれない船や、性能の悪い望遠鏡のことは考えず、島の調査にとりかかり、またそれをたのしんだ。そのため、いのちを永らえたし、理性的に当然の結果として、その身を発見されたのである。

さあ、この言葉は誰のものだと思いますか。

なんとあのフランツ・カフカのロビンソン・クルーソー考です。池内紀さんが編訳した『カフカ寓話集』に収められています。さすがにとても鋭い考察だと思います。

また、ドイツでは盛んにこの小説が読まれ、変形譚も多く書かれたようですが、ゲーテも読んでいたようです。『詩と真実』という自伝的な作品の最初のところで、少年時代に読んだ本に挙げています。

ルソーが、マルクスが読んだ『ロビンソン・クルーソー』

ではフランスではどうでしょう。

解説書を読むと、意外なことに、ルソーの『エミール』にも取り上げられているのです。

> わたしたちにはどうしても書物が必要だというなら、わたしの考えでは、自然教育のもっともよくできた概説を提供する一巻の書物が存在するのだ。この本はわたしのエミールが読むはじめての本になるだろう。この一巻だけが長い期間にわたってかれの書棚におかれる書物になるだろうし、それはまたそこにいつまでも特別の地位を占める本になるだろう。（中略）いったい、そのすばらしい本とはどんな本なのか。アリストテレスか、プリニウスか、ビュフォンか。いや、ロビンソン・クルーソーだ。（中略）
> 　この物語は、あらゆるがらくたをとりのけると、その島の近くでのロビンソンの遭難にはじまり、かれを島から救い出しにきた船の到着で終わっているが、これは、いま問題にしている時期のあいだ、いつもエミールを楽しませるとともに教えるものとなるだろう。

エミールの教育に絶対に不可欠な一冊が『ロビンソン・クルーソー』だというのは、ちょっとびっくりします。

それでは最後に、大御所にご登場願いましょう。誰あろう、カール・マルクスです。しかも出典はあの『資本論』です。児童文学として読まれてきたもので、ここまで広範囲に取り上げられた本は、他にはないのではないでしょうか。

経済学はロビンソンの物語がお好きなようだから、ここでも孤島のロビンソンを登場させよう。彼は生まれつき質素なようだが、それでもさまざまな欲望を満たす必要があるので、さまざまな種類の有用労働を行う必要がある。道具を作ったり、家具を製作したり、ラマを飼育したり、魚を釣ったり、獣を狩ったりする必要があるだろう。祈ることや、その他のことについてはここでは問題にしない。わたしたちのロビンソンはこうした活動は［労働というよりは］楽しみと考えているし、気晴らしとみなしているからである。

いかにもマルクスらしい筆致でロビンソン・クルーソーを分析しています。

ロビンソン・クルーソーは完訳がお勧め

さて、ロビンソン・クルーソーの翻訳には多くのバージョンがあることは分かりましたが、古典新訳文庫の唐戸《からと》信嘉《のぶよし》さんのじつに読みやすい新訳は、もちろん完訳版です。私はこの本で、生涯初めての『ロビンソン・クルーソー』完読を果たしました。

光文社新書の『文学こそ最高の教養である』でも、この作品をテーマにした訳者の唐戸信嘉さんと私の対談が収録されていますので、ぜひお読みいただきたいと思います。

私の読んだ児童向けの本には、肩にオウムを載せて召使のフライデーを連れたロビンソン・クルーソーの挿絵があったように記憶していることは、この対談でも言及しています。

そして超人的なサバイバルの技術を持っている人間として描かれていました。

乗っていた難破船から回収した品々を上手に使いながら、困難を乗り越えて生活をしていく、不屈の男性の話というのが、私を含めた普通の読者の持つ、この物語のイメージではないでしょうか。

完訳版を読んだ方はご存じでしょうが、じつはロビンソンの物語は、絶海の孤島から始まるわけではありません。ロビンソンは父母の止めるのも聞かずに、１６５１年に故郷を飛び出して、ロンドン行きの船に乗りますが、いきなり嵐に遭って難船し、なんとかロンドンには着きます。最初の航海からして波乱含みだったのです。

そこで故郷に帰ればよいものを、アフリカのギニアへ向かって再び航海に出るのです。今度はトルコの海賊に捕まって奴隷にされますが、機会を見て逃亡してポルトガル船に助けられ、南アメリカのブラジルに着くのです。

ここで仕事でも成功したロビンソンは、農園主たちの要望を受けて、アフリカからの黒人奴隷の密貿易を企てます。このアフリカへの航海中に、難船して孤島に流れ着き、一人で生きることを余儀なくされたのです。

暮らしたのは「絶海の孤島」ではなかった

さて、増田義郎さんが訳した中公文庫も完訳です。増田さんの専門は文化人類学ですから、その視点で書かれた巻末の解説は、詳細を極めたものになっています。ロビンソン・クルーソーが暮らした島が「絶海の孤島」ではなく、現在は南米ベネズエラ領のオリノコの大河の河口近くだと場所を推定しています。

私はこれを読んで、それまで持っていた「ロビンソンは絶海の孤島で暮らした」というイメージが間違っていたことに驚きました。

しかし、それを知っても落胆はしませんでした。小説として、ロビンソンが宗教に目覚めていく過程などは優れた文学的描写だと思いましたし、彼の孤独な心象風景の描き方は、この『ロビンソン・クルーソー』がイギリス初の近代小説だということを十分に納得させてくれるものだったからです。

この作品は、デフォーが59歳の時に書かれました。それまでは債務者監獄に入れられたり、政治家の密偵なども務めた波乱の生涯を送っています。ですから、作家としてのスタートは遅かったのです。

ちなみに日本では、森鷗外が「ロビンソン・クルソオ」という興味深い文章を書いていますし、夏目漱石は『文学評論（下）』で「ダニエル・デフォーと小説の組立」という一章を割いています。もちろん『ロビンソン・クルーソー』も論じられています。

夏目漱石も絶賛――スティーブンスンの短編

『ロビンソン・クルーソー』の次のお勧めは、『宝島』です。今回読み直してみて、本当に優れた、そして面白い小説だと思いました。読んでいてワクワクする気持ちを抑えきれません。村上《むらかみ》博《ひろ》基《き》さんの新訳の校正紙を思わず夢中になって読んでしまい、編集者としての作業を忘れそうになったことを思い出しました。

海賊といっても、これだけの海賊たちは日本にはいません。残念ながらスケールがまるで違います。

西洋ではスチヴンソン(Stevenson)の文が一番好きだ。力があって、簡潔で、クド〱しい処がない、女々しい処がない。スチヴンソンの文を読むとハキ〱してよい心持だ。話も余り長いのがなく、先《ま》づ短篇といふてよい。句も短い。殊《こと》に晩年の作がよいと思ふ。Master of Ballantrae（＊『バラントレーの若殿』）などは文章が実に面白い。

これは夏目漱石の「予の愛読書」というエッセイの一節です。『宝島』への直接の言及はありませんが、作家としてのスティーヴンスンには絶賛といってもいい評価を与えています。

さて、作家の辻原登さんが集英社の『ポケットマスターピース08　スティーヴンソン』で『宝島』についてこう書いています。

小学生の頃、児童向けのダイジェスト版でしか『宝島』を読んでいなかった私は、岩波文庫版ではじめてスティーヴンソンの豊饒な物語世界に触れ、夢中になった。

その出会いはこのようなものでした。

> 私が高校生になって読んだ『宝島』（岩波文庫　阿部知二訳——訳文が素晴しい！）の扉にはスティーヴンソン自身が作成した詳細な宝島の地図が掲載されていた。彼はまず一つの島の地図を描き、それをひとりの少年（スティーヴンソン夫人の連れ子ロイド・オズボーン）と共にみつめながら毎日一章ずつ物語をつくり、語っていったのである。途中から有名な灯台技師であるスティーヴンソンの父親も加わって、地図はより詳細になり、物語もまた成長し、波瀾万丈の海となり森となった。

これが『宝島』という傑作が誕生した経緯です。

辻原さんは高校生の時に本物を読んでいますが、私は50代になるまで本物を読んだことがありませんでした。そして今回読み直して、本当によくできた素晴らしい小説であることを実感しました。というよりも面白くてページをめくる手が止まらないという表現がぴったりの読書になったのです。

特に、物語の事実上の主人公ともいえる片脚の海賊シルヴァーには魅せられました。コックと称して船に乗り込むのですが、じつは悪名高き海賊の仲間だったのです。この人物の陰影のある描き方は、少年の時よりも現在の方がより理解できるのではないかと思います。ぜひぜひ、大人の読み物として、楽しむことをお勧めします。

英国王室も頼りにした海賊たち――『宝島』の歴史的背景を読み解く

併せて、海賊のことを勉強してみるのも一興です。竹田いさみさんが書いた『世界史をつくった海賊』という新書によると、16世紀のイギリスにとって、当時の先進国であったスペインやポルトガルのような豊かな国家へ発展できるかが、大きな課題だったということです。ですから、他国の帆船を襲撃して高価な品を手に入れる海賊たちを、当時のエリザベス女王は集金マシーンとして頼りにしていたのです。

> イギリスが貿易立国として世界経済に君臨するのは一八～一九世紀であり、そこに至る二〇〇年間は〝海賊マネー〟に依存せざるをえなかった。

こういう事情があって、イギリスには海賊がたくさんいたのです。16世紀の海賊を描いたこの本は、そういう意味で『宝島』を読み解くヒントのある本です。

『宝島』の作者、スティーヴンスンは、他にも優れた作品をたくさん書いています。古典新訳文庫でも『ジーキル博士とハイド氏』『新アラビア夜話』『臨海楼奇譚　新アラビア夜話第二部』を読むことができます。

男性にもぜひ読んでほしい『若草物語』――忘れがちな価値観を教えてくれる

ここで「少女小説」に話を転じましょう。『若草物語』を取り上げます。

このタイトルでは、昭和の男の子はなかなか手に取ることができませんでした。原題は「Little Women」ですが、邦題はかなり凝ったものになっています。

この小説はもちろん、編集者としての仕事で読みました。そして大ファンになりました。この四姉妹を中心とした物語は、大人の文学としても十分に通用する水準だと思います。

南北戦争の時代に、四姉妹がそれぞれ個性的な人生を歩んでいく物語です。老若を問わず、男性にも読んでほしいと思います。主人公の次女ジョーは、作者・オルコットがモデルになっていますが、19世紀のアメリカで、小説を書きながら自立していく女性の姿が浮かんできます。

四姉妹の人物造形も本当に見事です。隣家の少年ローリーとその祖父との四姉妹の関係も、アメリカの良さを感じさせますし、ローリーの家庭教師と長女メグとの恋愛も心和《なご》むものがあります。

彼らの母親の結婚観、貧しくとも愛され尊敬される男性と幸福な一生を送るべきだという一節が、心に残ります。不況が長く続く日本では、ついつい忘れがちになる価値観ですが、大切なことではないでしょうか。登場人物たちのナイーヴ過ぎるくらいの言動に、人間として大切なものがあることを読み返すたびに教えられます。敢えて若い男性から若いお爺さんにお勧めするゆえんです。

もはや「少女小説」ではない——ボーヴォワールも『若草物語』を熱愛

この小説を熱愛したのが、サルトルの伴侶、ボーヴォワールです。解説で、新訳を手掛けた麻生《あそう》九美《くみ》さんも引用しているのが、『娘時代——ある女の回想』です。『若草物語』との劇的な邂逅《かいこう》を語っています。

ボーヴォワールは、ジョーに自分をなぞらえるのです。いかにもボーヴォワールらしい感想です。彼女がジョーに感情移入したのはよく分かる気がしますが、それにしてもこんなに大きな共感を持って読んでいたことは驚きです。

解説と一部重なりますが、引用しましょう。

ジョーは、彼女よりももっと品行方正で美しい妹たちよりも、その知識欲や、その思想のたくましさによって、ずっと勝《まさ》っていたのである。ジョーはある種のおとなたちと同じぐらいに優れていて、彼女には非凡な運命が約束されていたのである。ジョーは選り抜かれた存在だった。私も、自分だって、自分の書物に対する嗜好《しこう》や学校における優秀な成績をもって、自分の未来を約束する価値に対する担保と見なしてもいいだろうと考えた。私の眼には自分が小説の主人公のように写った。

また、『ルイーザ・メイ・オールコットの日記――もうひとつの若草物語』には、オルコットが残した日記が紹介されています。

『若草物語』に関連して、1868年8月26日の日記には以下のような記述があります。

八月二十六日――全ページの校正ゲラが届いた。案外いい作品だと思う。ぜんぜんセンセイショナルではなくて、素朴で真実味がある。それもそのはず、わたしたちはほとんどどこのとおりの人生を送ってきたのだから。この作品が成功するとしたら、それは実際にあった話だからだろう。ナイルズ氏（＊編集者）もいまでは気に入ってくれている。すでに原稿を読んだお嬢さんたちが「素晴らしい！」といってくれたそうだ。少女向けに書いた作品なので、少女が最高の批評家。だからわたしは満足。

文字通り売れっ子作家になっていくオルコットですが、これが自伝的な作品であることを日記に書いているのです。

さらに『ルイザ――若草物語を生きたひと』は、非常に優れたオルコット伝になっています。写真もたくさん入った伝記です。

オルコットさん、『若草物語』はもはや「少女小説」ではなく、21世紀のオジさんたちにも、とても面白く読める作品になったのです。世の中は進歩したのです。そういう意味でもすごい小説だといえます。

『ハイジ』『あしながおじさん』『小公女』――おじさんが夢中になる魅力

古典新訳文庫には、女性作家の書いた児童文学の作品がいくつもありますが、『アルプスの少女ハイジ』『あしながおじさん』『小公女』はお勧めです。いずれも大人、とりわけおじさんが読んでもまったく違和感のない優れた文体で新訳されています。

『小公女』が刊行された時、まもなく還暦を迎える男性社員が、古典新訳文庫の編集部に駆け込んできたそうです。「面白かった。本当に面白かった。『小公女』！」。それだけ大声で叫ぶように言うと、去っていったといいます。

私が児童文学をお勧めするのは、冒頭で紹介した河合隼雄さんと長田弘さんのコメントにもあったように、この男性社員のような感情が人間にはいくつになっても残っていると思うからです。

じつは昨年、私も必要があって、土屋京子さんの手加減のない見事な新訳で古典新訳文庫の『小公子』や『秘密の花園』を含むバーネット三部作を読み返しました。

『小公女』は、お嬢様である主人公セーラが、父親の事業の失敗とその死によって、どん底の生活に叩き込まれながらも、人間としての矜《きょう》持《じ》を失わずに立派に生きていく物語です。

もちろん、ハッピーエンドが待っていますから、ちょっと意地悪な見方をすれば、お嬢さんがたまたま経験した辛い人生を描いたもの、ともとれるわけです。

しかし、『小公女』がもし、それだけの内容でしたら、先の男性社員はそれほど感動したでしょうか。少年時代から二度目の読書になることを意識して読み直して、私も『小公女』に最も深い共感を抱きました。ここには人間の持つ最良な部分が、惜しみなく描かれているといってもよいと思います。

そしてそれは、普遍性にまで達しているのです。児童文学というレッテルを剝がして読んでみれば、話の筋こそ少しステレオタイプかもしれませんが、高い文学性を持った作品だということがよく分かります。そしてだからこそ、児童文学としても現在も読まれ続けているのだと思います。

これは余談ですが、私が参加している日本最大の読書会「猫町倶楽部」で、「少女が主人公の作品が面白い」と発言したら、メンバーの女性から勧められたのが、リンドグレーンの『長くつ下のピッピ』でした。確かにとても面白い作品です。

知らなかった『ロビン・フッド』の本当のエンディング

さて、それでは次に、ハワード・パイルの『ロビン・フッドの愉快な冒険』にいきましょう。『トム・ソーヤーの冒険』と並んで、小学生の私が夢中になった本です。こういうアウトローには、子どもも憧れるのです。

じつはこの物語には、非常に個人的な思い出があるのです。

私が読んでいた児童書では、ロビン・フッドは王様の家来になって伯爵になったところで終わっていました。これが幼い私の最大の不満でした。陽気な仲間たちとシャーウッドの森で自由気ままにビールを飲みながら楽しく暮らしていく方がどれだけいいか、と、子ども心にとても残念に思っていたのです。

小学生ともなれば、行きたくない学校へ行き、退屈な授業に耐えなければなりません。そんな私にとって、シャーウッドの森で暮らすロビン・フッドと仲間たちは憧れの的だったのです。

ところが、30代の終わりに週刊誌編集部にいた私は、本好きの仲間と『ロビン・フッド』の話をしていて、エンディングが残念だったという印象を語ったところ、女性の同僚から「あら、それ違いますよ。最後はシャーウッドの森に戻って死ぬのです」といわれたのです。

私はびっくりして言葉を失いました。翌日、彼女は自分の読んだ『ロビン・フッド』を持って来てくれました。私の読んでいたものは抄訳版もいいところ、エピローグがカットされていたことに気づいて愕然としたものでした。

その後、古典新訳文庫で刊行され、三《さん》辺《べ》律《りつ》子《こ》さんの清新な新訳で読み直した『ロビン・フッドの愉快な冒険』は、きちんと完訳されていますから、安心して物語を楽しむことができました。そしてイギリスの伝説的な物語をこのような形にまとめあげたアメリカの作家、ハワード・パイルの小説家としての腕に改めて感服しました。

長いけれどこんなに面白い作品だったのだと、深く感じ入ったのです。しかも個性的なすべてのイラストがパイルの手になるものなのです。

子どもの頃に読んだ時とは、この作品は感想がずいぶん違いました。アウトローの世界はもちろん憧れですが、小説としての構造が優れていることと、登場人物の個性的な描き方にすっかり魅了されたのです。

特に、ロビン・フッドの側近であるリトル・ジョン、ウィル・スタトレイ、鋳掛屋《いかけや》、ウィル・スカーレットなど、非常に個性的な面々が活躍するのを読むのは、本当に楽しい読書体験でした。

「シャーウッドの森で、陽気な仲間と気ままに暮らす」という夢

あまりに有名な作品ですから、物語の要約は敢えてしませんが、英文学者の上野《うえの》美子《よしこ》さんの『ロビン・フッド伝説』には児童文学に関する以下の記述があります。

> ところで児童文学の起源は、十八世紀なかばごろ、つまり産業革命の勃発した時期とほぼ重なりあっている。当時のめざましい機械化は、社会制度や人間観にも一大変革をもたらさないはずがなかった。中産階級の勃興《ぼっこう》や教育の普及にともない、子供に対する関心や認識が高まってきた。

子どもが教育の対象となったのは歴史的には比較的最近のことだということが分かります。児童文学の誕生は「子どもの教育」という概念の誕生でもあったということでしょう。ハワード・パイルは19世紀の中葉に生を享けていますから、もうかなり洗練された児童文学の世界が存在したことが分かります。

同じ上野美子さんの本に『ロビン・フッド物語』という新書がありますが、そこに引用されている『トム・ソーヤーの冒険』に関する記述に深く共感したのはお分かりいただけると思います。

> マーク・トウェーンは、みずから創造した永遠の少年トム・ソーヤーに、「アメリカ

合衆国の大統領を長くつづけるよりも、シャーウッドの森で一年間アウトローでいるほうがよい」と語らせている。パイルの物語は少年の夢の具現化で、後世の作家に広く深い影響をあたえた。

これこそ『ロビン・フッドの愉快な冒険』の最大の魅力だと思います。そして大人が読んでもそれは実感できるのです。

いえ、このような閉塞感に満ちた時代にこそ、想像力の翼を広げて、ロビン・フッドの心の友になろうではありませんか。

チャタレー夫人も歩いた「ロビン・フッドの道と森」

最後にちょっと面白い話をご紹介しましょう。『森のイングランド——ロビン・フッドからチャタレー夫人まで』という本があります。その本に紹介されているのですが、チャタレー夫人であるコニイが、車椅子の夫・クリフォドに従って森を散策する場面があります。

　コニイが森の木戸を開いた。クリフォドはゆっくり広い騎馬道のほうへ進んで行っ

> た。その道は、榛《はしばみ》の枝のぴんと伸びた繁みの間をとおって、丘を登ってゆくのである。その森はロビン・フッドが猟をしたといわれる大森林の残部であり、この騎馬道も、もとこの国を横断していた古い古い街道であったのだ。もちろん今ではただの私有の森の車道をなしているだけである。（第五章）

この「古い古い街道」は、あのロビンとその一味が支配した例の〈大北道《グレイト・ノーザン・ロード》〉にほかならず、「大森林」はいうまでもなくあの〈シャーウッドの森〉である。

なんとも興味深い話ではありませんか。ロビン・フッドがいたシャーウッドの森を、チャタレー夫人が夫とともに散歩していたなんて。

読んで衝撃の連続『ピノッキオ』

さて、児童文学は、主な作品が英米のものが多いことにお気づきでしょうか。ここで一つ、大人にお勧めのイタリア児童文学を挙げましょう。そう、『ピノッキオの冒険』です。

古典新訳文庫では、大岡《おおおか》玲《あきら》さんの見事な文体で新訳された完訳版を、楽しみながら読むことができます。

ピノッキオといえば、私も初めてのイタリア旅行で、いい年をして大きな人形を買ってきたことを思い出します。ストーリーについては、「嘘をつくと鼻が伸びる」くらいの、絵本で学んだ知識しかなかった私にとって、この完訳版は衝撃的でした。

イタリアの子どもたちの絶大な支持を集めたというこの作品が刊行されたのは、１８８３年のことです。とにかく私にとっては、驚きの連続といってもいいくらいの作品でした。その理由は大岡玲さんの解説にも書かれています。

> 日本での訳書の多くが、児童向けに表現や内容をやわらげてあったり、抄訳や絵本だったりしたこともあって、原作の正確な内容をすぐに思い浮かべられる人が少ないのも事実だろう。むしろ、かつての私自身を含め、戦後生まれの日本人のピノッキオ観は、そうした翻訳よりディズニーのアニメ『ピノキオ』によって形作られた、と言うべきなのかもしれない。若い世代では、アニメは見たが、絵本や童話でピノッキオを読んだ経験があるという人々の方が少ない、という印象さえある。

確かに若い世代に聞いてみると、アニメで観たという人が多いことに驚きました。私たちの世代では、私を含めて、絵本や童話でピノッキオを読んだ人も、まだかなりいた印象があります。

> そうしたディズニー的ピノッキオを念頭に置いて本書を読むと、そのイメージのあまりの違いに驚かれる向きも多いのではないだろうか。（中略）
> 一方、本家のピノッキオはどうかというと、こちらはまったく一筋縄ではいかない性格である。そもそも、原作では彼は、泣いたり笑ったり、人をからかったりする、奇妙な一本の棒っきれとして出現する。そして、ジェッペットさんに全身を作ってもらった瞬間から、生みの父親の頭からかつらをむしり取るわ、鼻を蹴《け》り上げるわ、とんでもない悪たれぶりを発揮する。

ピノッキオ観がまったく変わったという私の読書体験をご理解いただけたと思います。それどころか児童文学の枠をはるかに超えた文学作品として、味読することが可能だと思います。それこそ、長田弘さんの「ツンドク」の人たち、つまり大人の読書にピッタリです。

ちなみに、冒頭で触れた私の友人も、『ピノッキオの冒険』を古典新訳文庫で読んで、大きな衝撃を受けていました。

最後に熱くお勧め――傑作中の傑作『トムは真夜中の庭で』

さて最後は、現代作品から超お勧め本を一冊ご紹介しましょう。フィリパ・ピアスの『トムは真夜中の庭で』がそれです。

これは大人が読む本ではないかと思うくらい水準の高い、「時間」をうまく使ったファンタジー作品です。主人公のトムは文字通りの少年ですが、物語の構造は大人でないと理解できないところもあるとさえ思えます。

私はこの本の存在を、冒頭で紹介した『子どもの本の森へ』で知りました。一読して驚嘆の念を禁じ得ませんでした。これが児童文学なのかと考えこんでしまうくらいの衝撃だったのです。河合隼雄さんと長田弘さんが絶賛していたのも納得がいきました。

物語は、トムという少年が、弟がはしかにかかり叔父さんの家に預けられるところから始まります。三階建ての建物の二階に叔父さんたちは住んでいるのですが、その屋敷にある古くて立派な柱時計が、夜に、不思議なことに13時を打つのを聞いてしまいます。

トムは扉を開けて外に出てみるのですが、そこには昼間見た光景とはまったく違う美しい庭があったのです。毎日、夜になるとトムはその庭を訪れるのですが、そこで、ある日、ハティという少女と知り合います。ここから物語は進んでいくのです。

河合　『トムは真夜中の庭で』『まぼろしの小さい犬』、そして『ハヤ号セイ川をいく』『幽霊を見た10の話』という、フィリパ・ピアスの四冊の物語は、読んでいて自分が小学六年生ぐらいに戻ったような気がしてきますよ。「ご飯ですよー」と言われながら、次はどうだ、次はどうだと思って熱中している。

長田　語りがとびぬけている。ピアスの魅力は、まずなんといっても語りの魅力ですね。どの物語も、一気に読まされちゃう。別に殺人や事件が次々に起きるわけではないのに。

河合　最初の作品の『ハヤ号セイ川をいく』なんて、いってみればまったく日常のことを書いているのに、休めない。

長田　とにかく読みながら心が弾む。日常が退屈だなんて、ピアスを読むとまったくうそだなあって思う。

河合　話の構成もうまいんじゃないですか。きれいに伏線、伏線、伏線でもっていく。日本の作家で、いいテーマを思いついておられるんだけど、子どもに話をしようとして文章が粗っぽくなるのがありますが、その点、ピアスは大したものです。（中略）

長田　ピアスの魅力をもっともよく伝えるのは、やっぱり『トムは真夜中の庭で』でしょうが、ピアスの物語をつねに際立たせるのは、物語にかならず登場してくる、じつに魅力あるお年寄り。年をとるということは、物語をそだてることなんだ、と教えてくれる。

長い引用になってしまいましたが、河合隼雄さんは、『こころの読書教室』という本でも、『トムは真夜中の庭で』について、「児童文学の傑作中の傑作と言われています」と内容を詳しく解説しています。

また、『洋子さんの本棚』という対談集では、作家の小川洋子さんとエッセイストの平松洋子さんが、第一章の「少女時代の本棚」で、二人とも『トムは真夜中の庭で』を最初に挙げています。

私自身も何度も読んでいますが、これは一級の文学作品だと思います。主人公が子どもであれば児童文学だと決めつけてしまうのは、本当にもったいないことです。

　こういういわゆる児童文学を読み始めると、次々と読みたくなるのも不思議です。フィリパ・ピアスの他の作品はもちろんのこと、有名なミヒャエル・エンデの『モモ』などもお勧めです。

　児童文学の素晴らしさについて書いていると、ついつい熱くなってしまう自分を感じます。皆さんはぜひ気負うことなく、完訳された児童文学の未読のものに挑戦していただきたいと思います。

　それこそ、長田弘さんのいう「ツンドク」ですが、思わぬ発見や喜びに胸を打たれることは間違いありません。

【Ⅳ 児童文学のすすめ】の
ブックガイド

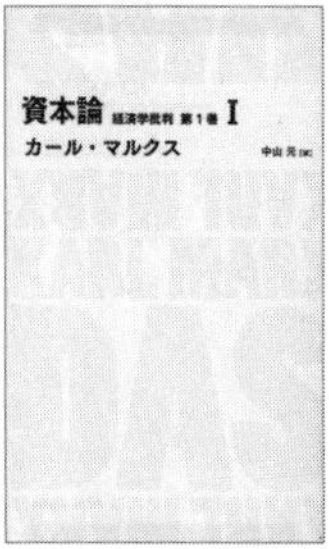

『子どもの本の森へ』河合隼雄・長田弘著、岩波書店
『童話の国イギリス――マザー・グースからハリー・ポッターまで』ピーター・ミルワード著、小泉博一訳、中公新書
『カフカ寓話集』池内紀編訳、岩波文庫
『エミール（上）』ルソー著、今野一雄訳、岩波文庫
『資本論　経済学批判　第1巻　Ｉ』カール・マルクス著、中山元訳、日経BP社
『ロビンソン・クルーソー』デフォー著、唐戸信嘉訳、光文社古典新訳文庫
『文学こそ最高の教養である』駒井稔＋「光文社古典新訳文庫」編集部編著、光文社新書
『完訳ロビンソン・クルーソー』ダニエル・デフォー著、増田義郎訳、中公文庫
『文学評論（下）』夏目漱石著、岩波文庫
『宝島』スティーヴンスン著、村上博基訳、光文社古典新訳文庫
『ポケットマスターピース08　スティーヴンソン』辻原登編、集英社文庫ヘリテージシリーズ
『世界史をつくった海賊』竹田いさみ著、ちくま新書
『若草物語』ルイーザ・メイ オルコット著、麻生九美訳、光文社古典新訳文庫
『娘時代――ある女の回想』シモーヌ・ド・ボーヴォワール著、朝吹登水子訳、紀伊國屋書店

『ルイーザ・メイ・オールコットの日記——もうひとつの若草物語』ジョーエル・マイヤースン／ダニエル・シーリー編集、編集協力マデレイン・B・スターン、宮木陽子訳、西村書店
『ルイザ——若草物語を生きたひと』ノーマ・ジョンストン著、谷口由美子訳、東洋書林
『アルプスの少女ハイジ』ヨハンナ・シュピリ著、遠山明子訳、光文社古典新訳文庫
『あしながおじさん』ウェブスター著、土屋京子訳、光文社古典新訳文庫
『小公女』バーネット著、土屋京子訳、光文社古典新訳文庫
『ロビン・フッドの愉快な冒険』ハワード・パイル著、三辺律子訳、光文社古典新訳文庫
『ロビン・フッド伝説』上野美子著、研究社出版
『ロビン・フッド物語』上野美子著、岩波新書
『森のイングランド——ロビン・フッドからチャタレー夫人まで』川崎寿彦著、平凡社
『ピノッキオの冒険』カルロ・コッローディ著、大岡玲訳、光文社古典新訳文庫
『トムは真夜中の庭で』フィリパ・ピアス著、高杉一郎訳、岩波少年文庫
『こころの読書教室』河合隼雄著、新潮文庫
『洋子さんの本棚』小川洋子・平松洋子著、集英社文庫

ちょっと長いあとがき

本を探すためのオーソドックスな方法

さて、皆さん、本書を楽しんでいただけましたでしょうか。

ずいぶんたくさんの本をご紹介しましたが、これは編集者の性《さが》とでもいうべきものです。とにかく面白い本があったら、お勧めしたくなるのです。

この本のもとになるｎｏｔｅの連載をしている間にも、読んでいただいた方から質問がありました。あんなにたくさんの本の存在をどうやって知ったのですか、という問いです。

もちろん、編集者はたくさんの資料を読むことも仕事ですから、一つのテーマに沿った本を探すことには長けていると思います。

書店や図書館に行くことはもちろん、関連書籍の紹介されている本などに丁寧に目を通します。当然ですが、ネットの情報も集めます。

これらすべてが今日では極めてオーソドックスな方法論であることも確かです。

一方で、若い世代の本好きと話していて、彼らがどのように本と出会うのかを説明された時、まったく新しい時代がきていることを痛感しました。

ご存じのように、今の若い世代は、新聞や雑誌をあまり読みません。新聞や週刊誌の書評欄を楽しみにしている私のような世代とはまるで違うのです。

彼らに私が何度も本の情報収集法について尋ねたのは、それこそ編集者としての興味からでした。

「あなたたちは本とどうやって出会うのか」

私の質問に対する答えは、予想をはるかに超えるものでした。

彼らのように読書の大好きな人たちの情報収集の方法は、まず書店に行くこと。そして次がなんとツイッターなのです。自分の関心のある本を紹介している人をフォローしていくことが大切なことなのだそうです。

そして実際、彼らの本の情報量はすごいです。古典から最先端の作品まで、私もいろいろなお勧め本を教えてもらって、メモを取ることもしばしばです。

それにしても書店とツイッターという組み合わせは、意外でした。そして新しい時代の到来を感じました。

私も遅ればせながらツイッターで面白そうな本を紹介している人をフォローしています。最初はなんだか心もとない気持ちだったのですが、慣れてくると確かにたくさんの情報が流れてくることに気づきました。

ベストセラーを読んで時代の流れを知る

さて、編集者として私は、ベストセラーには、できる限り目を通すようにしています。

以前は「私はベストセラーは読まない」と言うことが、読書人としての知性の証だというような時代もありましたが、もうそんなことを言う人はあまりいないでしょう。

もちろん、書店でさっと目を通すだけで十分な本もたくさんあることは間違いありません。

しかしフィクション、ノンフィクションを問わず、ベストセラーを読んで時代の流れを知ることは大切だと思います。もちろん、いろいろな考え方があってよいと思うのですが、少なくとも私はそう考えています。

「ベストセラー」の誕生

そもそも、「ベストセラー」なる言葉が誕生したのは、20世紀になってからであることをご存じでしょうか。

英文学者である武田勝彦の書いた『アメリカのベストセラー』という本に、その経緯が書かれています。１９０３年が「ベストセラー」という言葉の誕生の年だったのです。

これまでにも何度か言及しましたが、識字率が上がって、本を読むという習慣があらゆる階層に広がったのは、歴史的に見ると比較的最近のことですから、それを考えると、ある意味幸福な時代が到来したといえるでしょう。

> ベストセラーという言葉はアメリカで生まれた。一八九五年二月に「ブックマン」‘The Bookman’が創刊されたとき、ハリー・ペック（Harry Thurston Peck）が「求められている本」（Books in Demand）というリストをのせることにした。その後一九〇三年にこの表題は「六冊のベストセラー」と改題された。これこそ、つい最近ま

で「タイム」誌や「ニューヨーク・タイムズ」紙に見られた今週のベストセラーの原形である。

当時は年間1万部も売れればベストセラーに入ったといいますから、1852年に初版が出たストウ夫人の『アンクル・トムの小屋』が英米で50万部以上売れたことは、19世紀最大のベストセラーであったことを意味します。

ただ、著者も指摘しているように、現代では「ミリオンセラー」もありますから、ベストセラーを数量的に定義することは難しいところです。

ちなみにこの本は、日本のベストセラーにも言及しています。江戸時代のベストセラーについて書かれた興味深い記述があるのです。

江戸時代には「千部振舞《せんぶぶるまい》」という言葉があった。これがベストセラーの別名である。発行部数が千部になると、書店主と従業員がうちそろって氏神様にお詣《まい》りにゆく。そしてお祝いの宴《うたげ》を開く。それで「千部振舞」というわけなのである。江戸時代も末期になり町人の文化が発展すると文学物は大いに愛読された。柳亭種彦《りゅうていたねひこ》の『偽紫田舎源氏《にせむらさきいなかげんじ》』

四篇三十八巻（一八二八―四〇）は、一万五千部が売りさばかれたと記録されている。
　この数字は当時の印刷技術を考慮すると信じ難いほどの数といえよう。

「千部振舞」とは、なんとも味わい深い言葉ですね。

「ベストセラー」についてのお勧め本

「ベストセラー」といえば、いくつかお勧めの本があります。まず、『ベストセラーで読み解く現代アメリカ』です。

　この本では、あらゆるジャンルの本が紹介されています。それこそトランプ本から起業家の回想記まで、アメリカという国を知るためには、ベストセラーとの付き合い方が有益であることが分かる内容になっています。

　井上ひさしの『完本　ベストセラーの戦後史』は、日本の戦後史をベストセラーから読み解くという試みですが、まず昭和20年の『日米會話手帳』から始まっています。

　これはアメリカの占領下で突如、英会話の必要性に目覚めた日本人に、競って読まれたことで有名な本です。こういうベストセラーの取り上げ方も興味深いです。

三島由紀夫による文学論――未知の作品に挑戦

次に、私が折に触れて手に取る本をご紹介しましょう。『三島由紀夫のフランス文学講座』です。この文庫本は、本との出会いを望んでいる人にとっては、象徴的な存在になりうるのではないでしょうか。フランス文学で読むべき本の存在を知る上で、格好の入門書としても役立ちます。

この本を編んだのは、フランス文学者の鹿《か》島《しま》茂《しげる》さんです。「編者あとがき」でこんなことを書いているのが、初読の時から印象的でした。

> 思うに、三島由紀夫こそは、戦後最高の批評家である。なんについてであれ、その本質を、たったのひとことでズバリと言ってのけることのできる天性の批評家は、一世紀のスパンで見ても、そうそうは現れるものではない。

泉下の小説家・三島由紀夫は、こんなことを言われて複雑な気持ちかもしれませんが、私も彼が戦後最高の批評家であるという言葉に同意します。

残念ながら三島の小説については、私は決してよい読者であるとはいえませんが、文学論に関しては、鹿島さんの意見にまったく賛成です。本書でも折に触れ、その文章を紹介してきました。

続けて鹿島さんはこんな風に書いています。

　幸いなことに、フランス文学については、三島由紀夫は、相当に本質的なことを、ほうぼうで少しずつ語っていたので、こちらの渇《かわ》きは、それなりに癒された。バンジャマン・コンスタンについて、バルザックのヴォートランについて、アラン・フルニエについて、バタイユについて、頭の中でもやもやしたままになっていた感動が、三島由紀夫の決定的な言葉で見事に定義されるのを読むのは、またとない快楽だった。百巻の研究書をもってしても明らかにすることのできなかった真実が三島由紀夫の数行に言い尽くされているのを見るとき、「うーん、これじゃあ、わざわざフランス文学を研究する必要なんかないじゃないか」とつぶやかざるをえなかった。

三島由紀夫の透徹した理解に、研究者でも太刀打ちできないと思ったという記述には、正直、驚きを禁じ得ませんでした。

そして三島由紀夫は、フランス文学のみならず日本文学についても、私をずいぶん啓蒙してくれました。

『小説とは何か』という本は、1972年に刊行されていますから、私は高校生の時に読んだのだと思います。この本で初めて稲垣《いながき》足《たる》穂《ほ》という作家を知り、国枝《くにえだ》史郎《しろう》の『神州《しんしゅう》纐纈《こうけつ》城《じょう》』という作品を知りました。

さらには『遠野物語』に言及している文章に幻惑されましたし、『家畜人ヤプー』の存在を知ったのもこの本のおかげです。

三島由紀夫はある意味で別格としても、自分の関心のある詩人や作家の書いた書評集や文学論は、まだ読んだことのない本を知る上では最高の指南書になると思います。

こういう本に触発されて、未読の作品に挑戦していくことが、新しい本と出会う一番の近道であり、ここから楽しい読書体験へとつながるのではないでしょうか。

自分の関心に合った、個性的な書評集――米原万里さん、須賀敦子さん

さらに、私が愛読している鮮烈なタイトルの書評集を2冊ご紹介しましょう。『打ちのめ

されるようなすごい本』と『塩一トンの読書』です。

前者はロシア語通訳者だった米原万里《よねはらまり》さん、後者はあの須賀敦子《すがあつこ》さんの書評集です。

誰でも本の好きな人は「打ちのめされるような」作品と出会いたいと思っているでしょう。米原万里さんが紹介している本は、膨大な量になります。ですから、ふと気の向いた時に読み直すことで、新しい本との出会いが繰り返し訪れることになるのです。

また、須賀敦子さんの「一トンの塩を舐《な》めるうちに、ある書物がかけがえのない友人になるのだ」というレトリックには、本の理解は生易しいことではないということがよく表現されていると思います。

そもそもタイトルにもなっている「塩一トン」という言葉は、須賀さんがイタリア人の夫と結婚した時に、夫の母親から聞いた言葉です。「ひとりの人を理解するまでには、すくなくも、一トンの塩をいっしょに舐めなければだめなのよ」。

つまりうれしいことや悲しいことを長い時間をかけて共に経験しなければならないのだという、含蓄のある言葉なのです。

この本にもたくさんの本が紹介されていますが、最後に紹介されているベトナム文学の傑作、バオ・ニン『戦争の悲しみ』は、この本で知ってすぐに読んだ記憶があります。

皆さんも自分の関心のある本を紹介している個性的な書評集を、ぜひ探してみることをお勧めします。

お読みいただきありがとうございました

おっと、またお勧め本の紹介になってしまいました。これはあとがきなのですから、それに相応しい文章を書かなければいけません。

本書で私が何度も強調したのは、編集者という概念が、日本では、正確に確立されていないということでした。もちろん、優秀な編集者はたくさんいますが、その職業的な定義がひどく曖昧なところがあると思います。

前述したように「編集者は黒衣《くろこ》である」という抽象性から抜け出して、職業人としての編集者像を明確に提示できるようにすることが私の狙いでした。敢えていまどきの言葉でいえば、編集者は「クリエイター」なのだということを強調したかったのです。

だからこそ、この「読書論」が成立すると考え、いろいろと「編集者」から見た読書について書いてみました。よい意味でお役に立てば幸いです。

本書は光文社の書籍事業局長の三宅貴久さんの提案により実現した企画です。光文社新書編集部の編集長だった三宅さんに、「『編集者の読書論』を書きませんか」と言われた時は、そんなことが私にできるだろうか、と少し不安に思いました。しかし、その言葉には私にやってみようと思わせる、決然たる意志が感じられました。結果として本書が成立したわけですから、なんと御礼を申し上げてよいやら。

担当していただいた草薙麻友子さんからは、ｎｏｔｅでの毎回の連載に大変丁寧でユーモアに満ちたメールが届き励まされました。内容に関しても、よく理解した上でのアドバイスは本当に参考になりました。記して感謝いたします。

本書が本の好きな方たちの読書生活の一助になれば、これ以上の喜びはありません。

【ちょっと長いあとがき】の
ブックガイド

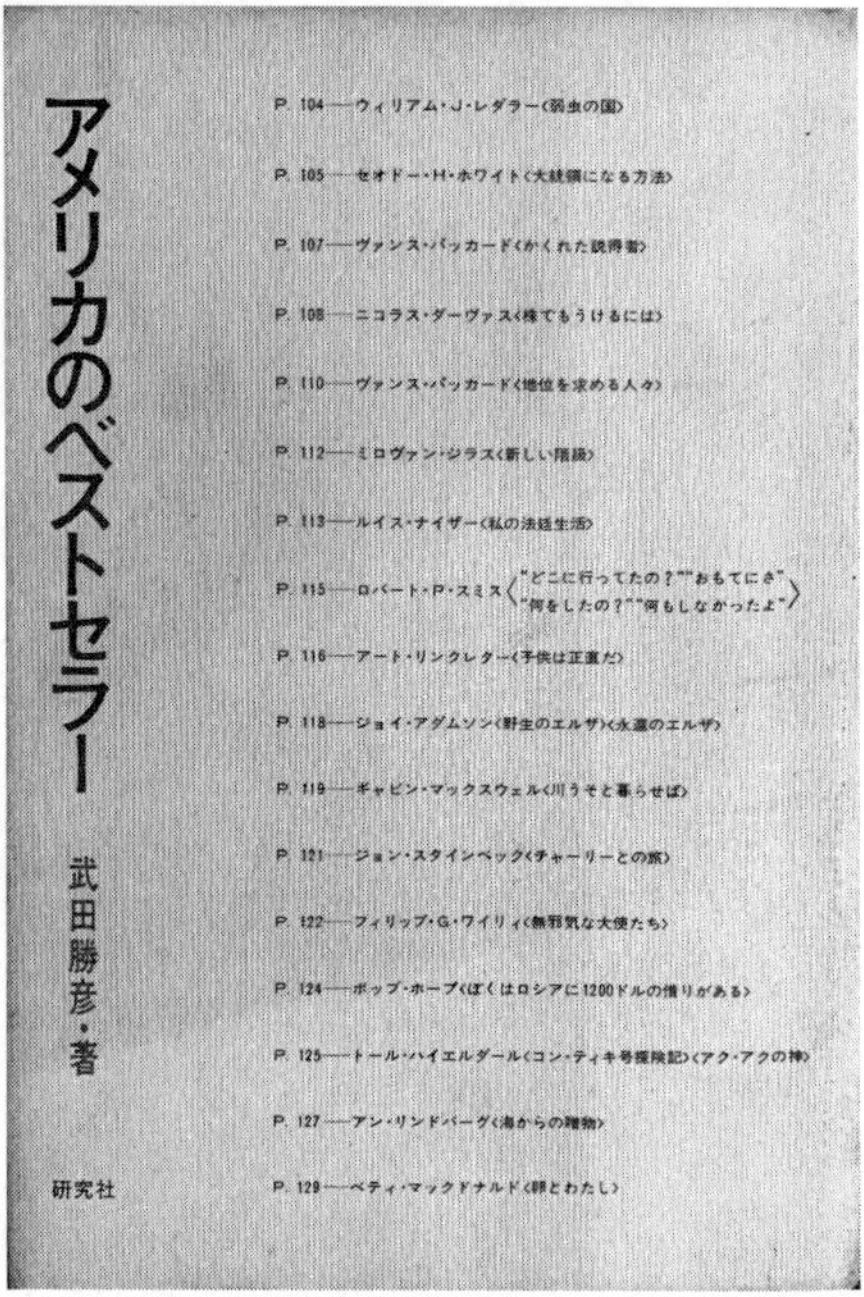

『アメリカのベストセラー』武田勝彦著、研究社出版
『ベストセラーで読み解く現代アメリカ』渡辺由佳里著、亜紀書房
『完本 ベストセラーの戦後史』井上ひさし著、文春学藝ライブラリー
『三島由紀夫のフランス文学講座』三島由紀夫著、鹿島茂編、ちくま文庫
『小説とは何か』三島由紀夫著、新潮社
『打ちのめされるようなすごい本』米原万里著、文春文庫
『塩一トンの読書』須賀敦子著、河出文庫

文春学藝ライブラリー
完本
ベストセラーの戦後史
井上ひさし

ベストセラーで読み解く
現代アメリカ
Read the United States with
Bestsellers
渡辺由佳里

小説とは何か
三島由紀夫

三島由紀夫のフランス文学講座
鹿島茂 編
三島を興奮させた作家たち

塩一トンの読書
須賀敦子

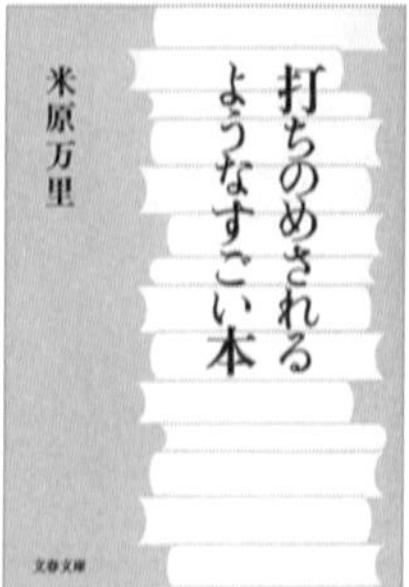
打ちのめされるようなすごい本
米原万里
文春文庫

駒井稔（こまいみのる）

1956年神奈川県横浜市生まれ。慶應義塾大学文学部卒。'79年光文社入社。広告部勤務を経て、'81年『週刊宝石』創刊に参加。ニュースから連載物まで、さまざまなジャンルの記事を担当する。'97年に翻訳編集部に異動。2004年に編集長。2年の準備期間を経て、'06年9月に光文社古典新訳文庫を創刊。10年にわたり編集長を務めた。著書に『いま、息をしている言葉で。――「光文社古典新訳文庫」誕生秘話』（而立書房）、編著に『文学こそ最高の教養である』（光文社新書）、『私が本からもらったもの――翻訳者の読書論』（書肆侃侃房）がある。現在、ひとり出版社「合同会社駒井組」代表。

編集者《へんしゅうしゃ》の読書論《どくしょろん》

面《おも》白《しろ》い本《ほん》の見《み》つけ方《かた》、教《おし》えます

2023年5月30日初版1刷発行
2023年6月20日　2刷発行

著　者――駒井稔
発行者――三宅貴久
装　幀――アラン・チャン
印刷所――萩原印刷
製本所――ナショナル製本
発行所――株式会社光文社
東京都文京区音羽1-16-6(〒112-8011)
https://www.kobunsha.com/
電　話――編集部03(5395)8289　書籍販売部03(5395)8116
業務部03(5395)8125
メール――sinsyo@kobunsha.com

　ISBN 978-4-334-04663-7

1254
阪神タイガースはなんで優勝でけへんのや？
喜瀬雅則

歴史　看板　風土　戦略　育成　苦悩　誤解　派閥　そして「アレ」――9つの枠組で分析する優勝が遠のく理由。阪神ファンの元番記者だから書けた「新・阪神タイガース論」。

978-4-334-04661-3

1255
定年前と定年後の働き方
サードエイジを生きる思考
石山恒貴

定年前と定年後の働き方は、個人の思考ひとつで大きく変わる――。この時期を、どう働き、どう過ごし、どう生きるのか。幸福な働き方を実現する思考法を、研究理論と実例から探る。

978-4-334-04662-0

1256
編集者の読書論
面白い本の見つけ方、教えます
駒井稔

古典新訳文庫創刊編集長が綴《つづ》る気取らぬ読書論。話題は海外の書店や出版社、作家、歴史的人物、古典、短編、児童書へと縦横無尽に広がり、未読の本の存在にわくわくすること間違いなし！

978-4-334-04663-7

1257
超遺伝子《スーパージーン》
藤原晴彦

生き物の不思議を司る超遺伝子。メスの一部だけが擬態するナガサキアゲハなど、ダーウィンとウォレスが残した謎を解き明かして見えてきた、遺伝学の新たなフロンティアに迫る。

978-4-334-04664-4

1258
理想の職場マネージメント
一軍監督の仕事
髙津臣吾

個性豊かな選手がひとつの方向を向くチームをつくるには？セ・リーグ連覇、交流戦優勝、ゆとりローテーション、言葉の力――球界に革新を起こす名将が自らのマネージメント手法を語る。

978-4-334-04665-1